Coreano básico para
hispanohablantes(UNIÓN EUROPEA)

스페인어를 사용하는 국민을 위한

기초 **한글배우기(유럽연합)**

**① 기초편**

LIBRO I
NOCIONES BÁSICAS

권용선 저

APRENDER COREANO EN ESPAÑOL

■ 세종대왕(조선 제4대 왕)
Rey Sejong
(el cuarto rey de la dinastía Choseon)

대한민국 대표한글
**K-한글**
www.k-hangul.kr

■ 세종대왕 탄신 627돌(2024.5.15) 숭모제전
- 분향(焚香) 및 헌작(獻爵), 독축(讀祝), 사배(四拜), 헌화(獻花), 망료례(望燎禮), 예필(禮畢), 인사말씀(국무총리)

■ 무용 : 봉래의(鳳來儀) | 국립국악원 무용단
- '용비어천가'의 가사를 무용수들이 직접 노래하고 춤을 춤으로써 비로소 시(詩), 가(歌), 무(舞)가 합일하는 악(樂)을 완성하는 장면

■ 영릉(세종·소헌왕후)
조선 제4대 세종대왕과 소헌왕후 심씨를 모신 합장릉이다.
세종대왕은 한글을 창제하고 혼천의를 비롯한 여러 과학기기를 발명하는 등 재위기간 중 뛰어난 업적을 이룩하였다.

■ 소재지(Location): 대한민국 경기도 여주시 세종대왕면 영릉로 269-10

■ 대표 업적
- 한글 창제: 1443년(세종 25년)~1446년 9월 반포
- 학문 창달
- 과학의 진흥
- 외치와 국방
- 음악의 정리
- 속육전 등의 법전 편찬 및 정리
- 각종 화학 무기 개발

※Patrimonio Cultural de la UNESCO※
■ Yeongneung (Tumba real del rey Sejong y de la reina consorte Soheon)
Tumba conjunta donde reposan los restos del rey Sejong, cuarto soberano de la dinastía Choseon, y de la reina consorte Soheon, del clan Sim.
El rey Sejong consiguió grandes logros durante su reinado, destacando entre ellos la creación del Hangul y la invención de diversos instrumentos científicos, como el Honcheonuí, un instrumento de observación astronómica.

■ Ubicación : 269-10 Yeongneung-ro, Sejongdaewang-myeon, Yeoju-si, Gyeonggi-do, Republic of Korea

■ Logros más destacados
- Creación del Hangul : año 1443 (año 25 del reinado del rey Sejong) -Publicación en septiembre de 1446
- Desarrollo del estudio
- Promoción de la ciencia
- Política exterior y defensa nacional
- Recopilación de música
- Recopilación y publicación de libros de textos legales, como el Sokyukjeon, un compendio de derecho
- Desarrollo de diversas armas químicas

# 머리말 Introducción

## Let's learn Hangul!

El Hangul está compuesto por 14 consonantes y 10 vocales, además de las consonantes y vocales compuestas, con las que se forman las letras. Sus combinaciones pueden llegar a formar aproximadamente unas 11 170 letras, aunque solo un 30 % de ellas se utiliza habitualmente. Este libro se basa en el vocabulario de uso cotidiano, de acuerdo con los siguientes principios.

- Se empieza con el aprendizaje de las consonantes y vocales.
- Se enseña el orden de los trazos para consolidar la base del uso correcto del idioma coreano.
- Para conseguir un aprendizaje natural, se ha dedicado gran parte del libro al ejercicio de la escritura repetitiva.
- En la página web se ofrecen materiales complementarias que permiten el estudio paralelo (www.K-hangul.kr).
- El contenido está constituido por las palabras y el vocabulario que se usan frecuentemente en la vida cotidiana en Corea.
- Se recogen los contenidos necesarios y útiles, reduciendo el Hangul de uso poco frecuente.

La cultura de un país se aprende a través de su idioma y enriquece nuestra forma de pensar. Siendo este libro un texto básico para aprender el Hangul, su estudio minucioso permitirá no solo manejar el Hangul, sino también entender la cultura y la mentalidad coreanas. Gracias.

k-hangul Publisher: Kwon, Yong-sun

한글은 자음 14자, 모음 10자 그 외에 겹자음과 겹모음의 조합으로 글자가 이루어지며 소리를 갖게 됩니다. 한글 조합자는 약 11,170자로 이루어져 있는데, 그중 30% 정도가 주로 사용되고 있습니다. 이 책은 실생활에서 자주 사용하는 우리말을 토대로 내용을 구성하였고, 다음 사항을 중심으로 개발 되었습니다.

- 한글의 자음과 모음을 기초로 배우는 기본학습내용으로 이루어져 있습니다.
- 한글의 필순을 제시하여 올바른 한글 사용의 기초를 튼튼히 다지도록 했습니다.
- 반복적인 쓰기 학습을 통해 자연스레 한글을 습득할 수 있도록 '쓰기'에 많은 지면을 할애하였습니다.
- 홈페이지(www.k-hangul.kr)에 교재외 병행 학습할 수 있는 자료를 제공하고 있습니다.
- 한국의 일상생활에서 자주 사용되는 글자나 낱말을 중심으로 내용을 구성하였습니다.
- 사용빈도가 높지 않은 한글에 대한 내용은 줄이고 꼭 필요한 내용만 수록하였습니다.

언어를 배우는 것은 문화를 배우는 것이며, 사고의 폭을 넓히는 계기가 됩니다. 이 책은 한글 학습에 기본이 되는 교재이므로 내용을 꼼꼼하게 터득하면 한글은 물론 한국의 문화와 정신까지 폭넓게 이해 하게 될 것입니다.

※참고 : 본 교재는 ❶기초편으로, ❷문장편 ❸대화편 ❹생활 편으로 구성되어 출간 판매 중에 있습니다.
　　Nota : Este libro es ❶ la parte básica y está compuesto por las siguientes secciones: ❷ Frases, ❸ Diálogos y ❹ Vida cotidiana.

※ 판매처 : 교보문고, 알라딘, yes24, 네이버, 쿠팡 등
　　Puntos de venta: Este libro se puede adquirir en las librerías Kyobo, Aladin, yes24, Naver, Coupang, etc.

저자 권용선

# 차례 Índice

머리말(Introducción)

제1장

# 자음

Parte primera:
Consonantes

# 자음 [Consonantes]

월    일

## 자음 읽기 [Leer Consonantes]

| ㄱ | ㄴ | ㄷ | ㄹ | ㅁ |
|---|---|---|---|---|
| 기역(Giyeok) | 니은(Nieun) | 디귿(Digeut) | 리을(Rieul) | 미음(Mieum) |
| ㅂ | ㅅ | ㅇ | ㅈ | ㅊ |
| 비읍(Bieup) | 시옷(Siot) | 이응(Ieung) | 지읒(Jieut) | 치읓(Chieut) |
| ㅋ | ㅌ | ㅍ | ㅎ | |
| 키읔(Kieuk) | 티읕(Tieut) | 피읖(Pieup) | 히읗(Hieut) | |

## 자음 쓰기 [Escribir Consonantes]

| 기역(Giyeok) | 니은(Nieun) | 디귿(Digeut) | 리을(Rieul) | 미음(Mieum) |
|---|---|---|---|---|
| 비읍(Bieup) | 시옷(Siot) | 이응(Ieung) | 지읒(Jieut) | 치읓(Chieut) |
| 키읔(Kieuk) | 티읕(Tieut) | 피읖(Pieup) | 히읗(Hieut) | |

## 02 자음 [Consonantes]

### 자음 익히기 [Aprender las Consonantes]

다음 자음을 쓰는 순서에 맞게 따라 쓰세요.
(Escriba las siguientes consonantes siguiendo el orden de los trazos.)

| 자음<br>Consonantes | 이름<br>Nombres | 쓰는 순서<br>Orden de<br>los trazos | 영어 표기<br>Transcripción<br>en inglés | 쓰기<br>Escribir | | | | |
|---|---|---|---|---|---|---|---|---|
| ㄱ | 기역 | | Giyeok | ㄱ | | | | |
| ㄴ | 니은 | | Nieun | ㄴ | | | | |
| ㄷ | 디귿 | | Digeut | ㄷ | | | | |
| ㄹ | 리을 | | Rieul | ㄹ | | | | |
| ㅁ | 미음 | | Mieum | ㅁ | | | | |
| ㅂ | 비읍 | | Bieup | ㅂ | | | | |
| ㅅ | 시옷 | | Siot | ㅅ | | | | |
| ㅇ | 이응 | | Ieung | ㅇ | | | | |
| ㅈ | 지읒 | | Jieut | ㅈ | | | | |
| ㅊ | 치읓 | | Chieut | ㅊ | | | | |
| ㅋ | 키읔 | | Kieuk | ㅋ | | | | |
| ㅌ | 티읕 | | Tieut | ㅌ | | | | |
| ㅍ | 피읖 | | Pieup | ㅍ | | | | |
| ㅎ | 히읗 | | Hieut | ㅎ | | | | |

# 03 한글 자음과 모음표 [abla de consonantes y vocales]

월 일

※ 참고 : 음절표(18p~37P)에서 학습할 내용

| mp3<br>자음 모음 | ㅏ<br>(아) | ㅑ<br>(야) | ㅓ<br>(어) | ㅕ<br>(여) | ㅗ<br>(오) | ㅛ<br>(요) | ㅜ<br>(우) | ㅠ<br>(유) | ㅡ<br>(으) | ㅣ<br>(이) |
|---|---|---|---|---|---|---|---|---|---|---|
| ㄱ<br>(기역) | 가 | 갸 | 거 | 겨 | 고 | 교 | 구 | 규 | 그 | 기 |
| ㄴ<br>(니은) | 나 | 냐 | 너 | 녀 | 노 | 뇨 | 누 | 뉴 | 느 | 니 |
| ㄷ<br>(디귿) | 다 | 댜 | 더 | 뎌 | 도 | 됴 | 두 | 듀 | 드 | 디 |
| ㄹ<br>(리을) | 라 | 랴 | 러 | 려 | 로 | 료 | 루 | 류 | 르 | 리 |
| ㅁ<br>(미음) | 마 | 먀 | 머 | 며 | 모 | 묘 | 무 | 뮤 | 므 | 미 |
| ㅂ<br>(비읍) | 바 | 뱌 | 버 | 벼 | 보 | 뵤 | 부 | 뷰 | 브 | 비 |
| ㅅ<br>(시옷) | 사 | 샤 | 서 | 셔 | 소 | 쇼 | 수 | 슈 | 스 | 시 |
| ㅇ<br>(이응) | 아 | 야 | 어 | 여 | 오 | 요 | 우 | 유 | 으 | 이 |
| ㅈ<br>(지읒) | 자 | 쟈 | 저 | 져 | 조 | 죠 | 주 | 쥬 | 즈 | 지 |
| ㅊ<br>(치읓) | 차 | 챠 | 처 | 쳐 | 초 | 쵸 | 추 | 츄 | 츠 | 치 |
| ㅋ<br>(키읔) | 카 | 캬 | 커 | 켜 | 코 | 쿄 | 쿠 | 큐 | 크 | 키 |
| ㅌ<br>(티읕) | 타 | 탸 | 터 | 텨 | 토 | 툐 | 투 | 튜 | 트 | 티 |
| ㅍ<br>(피읖) | 파 | 퍄 | 퍼 | 펴 | 포 | 표 | 푸 | 퓨 | 프 | 피 |
| ㅎ<br>(히읗) | 하 | 햐 | 허 | 혀 | 호 | 효 | 후 | 휴 | 흐 | 히 |

제2장

# 모음

Parte segunda:
Vocales

## 01 모음 [Vocales]

### 모음 읽기 [Leer vocales]

| ㅏ | ㅑ | ㅓ | ㅕ | ㅗ |
|---|---|---|---|---|
| 아(A) | 야(Ya) | 어(Eo) | 여(Yeo) | 오(O) |
| ㅛ | ㅜ | ㅠ | ㅡ | ㅣ |
| 요(Yo) | 우(U) | 유(Yu) | 으(Eu) | 이(I) |

### 모음 쓰기 [Escribir vocales]

| ㅏ | ㅑ | ㅓ | ㅕ | ㅗ |
|---|---|---|---|---|
| 아(A) | 야(Ya) | 어(Eo) | 여(Yeo) | 오(O) |
| ㅛ | ㅜ | ㅠ | ㅡ | ㅣ |
| 요(Yo) | 우(U) | 유(Yu) | 으(Eu) | 이(I) |

 **O2** # 모음 [Vocales]

월 일

## 모음 익히기 [Aprender las Vocales]

다음 모음을 쓰는 순서에 맞게 따라 쓰세요.

(Escriba las siguientes vocales siguiendo el orden de los trazos.)

| 모음<br>Vocales | 이름<br>Nombres | 쓰는 순서<br>Orden de<br>los trazos | 영어 표기<br>Transcripción<br>en inglés | 쓰기<br>Escribir | | | | | |
|---|---|---|---|---|---|---|---|---|---|
| ㅏ | 아 | | A | ㅏ | | | | | |
| ㅑ | 야 | | Ya | ㅑ | | | | | |
| ㅓ | 어 | | Eo | ㅓ | | | | | |
| ㅕ | 여 | | Yeo | ㅕ | | | | | |
| ㅗ | 오 | | O | ㅗ | | | | | |
| ㅛ | 요 | | Yo | ㅛ | | | | | |
| ㅜ | 우 | | U | ㅜ | | | | | |
| ㅠ | 유 | | Yu | ㅠ | | | | | |
| ㅡ | 으 | | Eu | ㅡ | | | | | |
| ㅣ | 이 | | I | ㅣ | | | | | |

# 유네스코 세계기록유산
# UNESCO Memory of the World

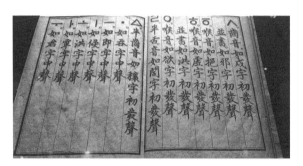 

- 훈민정음(訓民正音) : 새로 창제된 훈민정음을 1446년(세종 28) 정인지 등 집현전 학사들이 저술한 한문해설서이다. 해례가 붙어 있어서〈훈민정음 해례본 訓民正音 解例本〉이라고도 하며 예의(例義), 해례(解例), 정인지 서문으로 구성되어 있다. 특히 서문에는 **훈민정음을 만든 이유,** 편찬자, 편년월일, 우수성을 기록하고 있다. 1997년 유네스코 세계기록유산으로 등록되었다.

## ■ 훈민정음(訓民正音)을 만든 이유

### - 훈민정음은 백성을 가르치는 바른 소리 -

훈민정음 서문에 나오는 '나랏말쏨이 중국과 달라 한자와 서로 통하지 않는다.' 는 말은 풍속과 기질이 달라 성음(聲音)이 서로 같지 않게 된다는 것이다.

"이런 이유로 어리석은 백성이 말하고 싶은 것이 있어도 마침내 제 뜻을 표현하지 못하는 사람이 많다. 이를 불쌍히 여겨 새로 28자를 만들었으니 사람마다 쉽게 익혀 씀에 편하게 할 뿐이다."

지혜로운 사람은 아침나절이 되기 전에 이해하고 어리석은 사람도 열흘이면 배울 수 있는 훈민정음은 바람소리, 학의 울음이나 닭 울음소리, 개 짖는 소리까지 모두 표현해 쓸 수 있어 지구상의 모든 문자 가운데 가장 창의적이고 과학적이라는 찬사를 받는 문자이다.

-세종 28년-

## ■ 세종대왕 약력

- 조선 제4대 왕
- 이름: 이도
- 출생지: 서울(한양)
- 생년월일: 1397년 5월 15일~1450년 2월 17일
- 재위 기간: 1418년 8월~1450년 2월(31년 6개월)

## ■ El propósito de la creación del Hunminjeongeum

-El Hunminjeongeum es el sonido correcto para la enseñanza -

La frase "El idioma del país es distinto al de China y no se entienden entre sí", que encabeza la introducción del Hunmminjeongeum, significa que la diferencia de costumbres y temperamento de ambos pueblos hacen que las características del sonido sean también distintas. "Por esa razón, muchos de los súbditos no se ven capaces de expresar sus intenciones. Sintiendo lástima, he creado 28 letras nuevas para que cada persona pueda aprenderlas y utilizarlas cómodamente". Los caracteres del Hunminjeongeum, "que los sabios aprenden antes de que termine la mañana y los necios en diez días, permiten expresar hasta el sonido del viento, el llanto de la grulla y del gallo, y el ladrido de perro", responden a una lógica racional y son reconocidos como los caracteres más originales de entre todos los idiomas del planeta.

- año 28 del reinado del rey Sejong -

## ■ Perfil del rey Sejong

- El cuarto rey de la dinastía Choseon
- Nombre: Lee Do
- Lugar de nacimiento: Capital del país (Hanyang)
- Fecha de nacimiento: 15 de mayo de 1397 - 17 de febrero de 1450
- Período de su reinado: agosto de 1418 - febrero de 1450 (31 años y 6 meses)

제3장

# 겹자음과
# 겹모음

Parte tercera:
Consonantes y Vocales
Compuestas

## 01 겹자음 [Consonantes Compuestas]

월 일

### 겹자음 읽기 [Leer Consonantes Compuestas]

| ㄲ | ㄸ | ㅃ | ㅆ | ㅉ |
|---|---|---|---|---|
| 쌍기역 (Ssanggiyeok) | 쌍디귿 (Ssangdigeut) | 쌍비읍 (Ssangbieup) | 쌍시옷 (Ssangsiot) | 쌍지읒 (Ssangjieut) |

### 겹자음 쓰기 [Escribir Consonantes Compuestas]

| ㄲ | ㄸ | ㅃ | ㅆ | ㅉ |
|---|---|---|---|---|
| 쌍기역 (Ssanggiyeok) | 쌍디귿 (Ssangdigeut) | 쌍비읍 (Ssangbieup) | 쌍시옷 (Ssangsiot) | 쌍지읒 (Ssangjieut) |

### 겹자음 익히기 [Aprender Consonantes Compuestas]

다음 겹자음을 쓰는 순서에 맞게 따라 쓰세요.

(Escriba las siguientes Consonantes Compuestas siguiendo el orden de los trazos.)

| 겹자음 Consonantes Compuestas | 이름 Nombres | 쓰는 순서 Orden de los trazos | 영어 표기 Transcripción en inglés | 쓰기 Escribir | | | | | |
|---|---|---|---|---|---|---|---|---|---|
| ㄲ | 쌍기역 | | Ssanggiyeok | ㄲ | | | | | |
| ㄸ | 쌍디귿 | | Ssangdigeut | ㄸ | | | | | |
| ㅃ | 쌍비읍 | | Ssangbieup | ㅃ | | | | | |
| ㅆ | 쌍시옷 | | Ssangsiot | ㅆ | | | | | |
| ㅉ | 쌍지읒 | | Ssangjieut | ㅉ | | | | | |

## O2 겹모음 [Vocales Compuestas]

### 겹모음 읽기 [Leer Vocales Compuestas]

| ㅐ | ㅔ | ㅒ | ㅖ | ㅘ |
|---|---|---|---|---|
| 애(Ae) | 에(E) | 얘(Yae) | 예(Ye) | 와(Wa) |
| ㅙ | ㅚ | ㅝ | ㅞ | ㅟ |
| 왜(Wae) | 외(Oe) | 워(Wo) | 웨(We) | 위(Wi) |
| ㅢ | | | | |
| 의(Ui) | | | | |

### 겹모음 쓰기 [Escribir Vocales Compuestas]

| 애(Ae) | 에(E) | 얘(Yae) | 예(Ye) | 와(Wa) |
|---|---|---|---|---|
| 왜(Wae) | 외(Oe) | 워(Wo) | 웨(We) | 위(Wi) |
| 의(Ui) | | | | |

## 02 겹모음 [Vocales Compuestas]

### 겹모음 익히기 [Aprender Vocales Compuestas]

다음 겹모음을 쓰는 순서에 맞게 따라 쓰세요.

(Escriba las siguientes vocales compuestas siguiendo el orden de los trazos.)

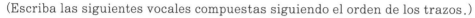

| 겹모음<br>Vocales<br>Compuestas | 이름<br>Nombres | 쓰는 순서<br>Orden de<br>los trazos | 영어 표기<br>Transcripción<br>en inglés | 쓰기<br>Escribir | | | | |
|---|---|---|---|---|---|---|---|---|
| ㅐ | 애 | | Ae | ㅐ | | | | |
| ㅔ | 에 | | E | ㅔ | | | | |
| ㅒ | 얘 | | Yae | ㅒ | | | | |
| ㅖ | 예 | | Ye | ㅖ | | | | |
| ㅘ | 와 | | Wa | ㅘ | | | | |
| ㅙ | 왜 | | Wae | ㅙ | | | | |
| ㅚ | 외 | | Oe | ㅚ | | | | |
| ㅝ | 워 | | Wo | ㅝ | | | | |
| ㅞ | 웨 | | We | ㅞ | | | | |
| ㅟ | 위 | | Wi | ㅟ | | | | |
| ㅢ | 의 | | Ui | ㅢ | | | | |

# 제4장

# 음절표

Parte cuarta:
Sílabas

# 자음+모음(ㅏ) [Consonante + Vocal (ㅏ)]

월    일

## 자음+모음(ㅏ) 읽기 [Leer Consonante + Vocal (ㅏ)]

| 가 | 나 | 다 | 라 | 마 |
|---|---|---|---|---|
| Ga | Na | Da | Ra | Ma |
| 바 | 사 | 아 | 자 | 차 |
| Ba | Sa | A | Ja | Cha |
| 카 | 타 | 파 | 하 | |
| Ka | Ta | Pa | Ha | |

## 자음+모음(ㅏ) 쓰기 [Escribir Consonante + Vocal (ㅏ)]

| 가 | 나 | 다 | 라 | 마 |
|---|---|---|---|---|
| Ga | Na | Da | Ra | Ma |
| 바 | 사 | 아 | 자 | 차 |
| Ba | Sa | A | Ja | Cha |
| 카 | 타 | 파 | 하 | |
| Ka | Ta | Pa | Ha | |

# 01 자음+모음(ㅏ) [Consonante + Vocal (ㅏ)]

월    일

## 자음+모음(ㅏ) 익히기 [Aprender Consonante + Vocal (ㅏ)]

다음 자음+모음(ㅏ)을 쓰는 순서에 맞게 따라 쓰세요.

(Escriba la siguiente Consonante + Vocal (ㅏ) siguiendo el orden de los trazos.)

| 자음+모음(ㅏ) | 이름 | 쓰는 순서 | 영어 표기 | 쓰기 | | | | |
|---|---|---|---|---|---|---|---|---|
| ㄱ+ㅏ | 가 | 가 | Ga | 가 | | | | |
| ㄴ+ㅏ | 나 | 나 | Na | 나 | | | | |
| ㄷ+ㅏ | 다 | 다 | Da | 다 | | | | |
| ㄹ+ㅏ | 라 | 라 | Ra | 라 | | | | |
| ㅁ+ㅏ | 마 | 마 | Ma | 마 | | | | |
| ㅂ+ㅏ | 바 | 바 | Ba | 바 | | | | |
| ㅅ+ㅏ | 사 | 사 | Sa | 사 | | | | |
| ㅇ+ㅏ | 아 | 아 | A | 아 | | | | |
| ㅈ+ㅏ | 자 | 자 | Ja | 자 | | | | |
| ㅊ+ㅏ | 차 | 차 | Cha | 차 | | | | |
| ㅋ+ㅏ | 카 | 카 | Ka | 카 | | | | |
| ㅌ+ㅏ | 타 | 타 | Ta | 타 | | | | |
| ㅍ+ㅏ | 파 | 파 | Pa | 파 | | | | |
| ㅎ+ㅏ | 하 | 하 | Ha | 하 | | | | |

# 자음+모음(ㅓ) [Consonante + Vocal (ㅓ)]

월    일

## 자음+모음(ㅓ) 읽기 [Leer Consonante + Vocal (ㅓ)]

| 거 | 너 | 더 | 러 | 머 |
|---|---|---|---|---|
| Geo | Neo | Deo | Reo | Meo |
| 버 | 서 | 어 | 저 | 처 |
| Beo | Seo | Eo | Jeo | Cheo |
| 커 | 터 | 퍼 | 허 | |
| Keo | Teo | Peo | Heo | |

## 자음+모음(ㅓ) 쓰기 [Escribir Consonante + Vocal (ㅓ)]

| 거 | 너 | 더 | 러 | 머 |
|---|---|---|---|---|
| Geo | Neo | Deo | Reo | Meo |
| 버 | 서 | 어 | 저 | 처 |
| Beo | Seo | Eo | Jeo | Cheo |
| 커 | 터 | 퍼 | 허 | |
| Keo | Teo | Peo | Heo | |

## O2 자음+모음(ㅓ) [Consonante + Vocal (ㅓ)]

월    일

### 자음+모음(ㅓ) 익히기 [Aprender Consonante + Vocal (ㅓ)]

다음 자음+모음(ㅓ)을 쓰는 순서에 맞게 따라 쓰세요.

(Escriba la siguiente Consonante + Vocal (ㅓ) siguiendo el orden de los trazos.)

| 자음+모음(ㅓ) | 이름 | 쓰는 순서 | 영어 표기 | 쓰기 | | | | |
|---|---|---|---|---|---|---|---|---|
| ㄱ+ㅓ | 거 | 거 | Geo | 거 | | | | |
| ㄴ+ㅓ | 너 | 너 | Neo | 너 | | | | |
| ㄷ+ㅓ | 더 | 더 | Deo | 더 | | | | |
| ㄹ+ㅓ | 러 | 러 | Reo | 러 | | | | |
| ㅁ+ㅓ | 머 | 머 | Meo | 머 | | | | |
| ㅂ+ㅓ | 버 | 버 | Beo | 버 | | | | |
| ㅅ+ㅓ | 서 | 서 | Seo | 서 | | | | |
| ㅇ+ㅓ | 어 | 어 | Eo | 어 | | | | |
| ㅈ+ㅓ | 저 | 저 | Jeo | 저 | | | | |
| ㅊ+ㅓ | 처 | 처 | Cheo | 처 | | | | |
| ㅋ+ㅓ | 커 | 커 | Keo | 커 | | | | |
| ㅌ+ㅓ | 터 | 터 | Teo | 터 | | | | |
| ㅍ+ㅓ | 퍼 | 퍼 | Peo | 퍼 | | | | |
| ㅎ+ㅓ | 허 | 허 | Heo | 허 | | | | |

## 03 자음+모음(ㅗ) [Consonante + Vocal (ㅗ)]

월 일

### 자음+모음(ㅗ) 읽기 [Leer Consonante + Vocal (ㅗ)]

| 고 | 노 | 도 | 로 | 모 |
|---|---|---|---|---|
| Go | No | Do | Ro | Mo |
| 보 | 소 | 오 | 조 | 초 |
| Bo | So | O | Jo | Cho |
| 코 | 토 | 포 | 호 | |
| Ko | To | Po | Ho | |

### 자음+모음(ㅗ) 쓰기 [Escribir Consonante + Vocal (ㅗ)]

| 고 | 노 | 도 | 로 | 모 |
|---|---|---|---|---|
| Go | No | Do | Ro | Mo |
| 보 | 소 | 오 | 조 | 초 |
| Bo | So | O | Jo | Cho |
| 코 | 토 | 포 | 호 | |
| Ko | To | Po | Ho | |

## 03 자음+모음(ㅗ) [Consonante + Vocal (ㅗ)]

월    일

## 자음+모음(ㅗ) 익히기 [Aprender Consonante + Vocal (ㅗ)]

다음 자음+모음(ㅗ)을 쓰는 순서에 맞게 따라 쓰세요.

(Escriba la siguiente Consonante + Vocal (ㅗ) siguiendo el orden de los trazos.)

| 자음+모음(ㅗ) | 이름 | 쓰는 순서 | 영어 표기 | 쓰기 | | | | |
|---|---|---|---|---|---|---|---|---|
| ㄱ+ㅗ | 고 | 고 | Go | 고 | | | | |
| ㄴ+ㅗ | 노 | 노 | No | 노 | | | | |
| ㄷ+ㅗ | 도 | 도 | Do | 도 | | | | |
| ㄹ+ㅗ | 로 | 로 | Ro | 로 | | | | |
| ㅁ+ㅗ | 모 | 모 | Mo | 모 | | | | |
| ㅂ+ㅗ | 보 | 보 | Bo | 보 | | | | |
| ㅅ+ㅗ | 소 | 소 | So | 소 | | | | |
| ㅇ+ㅗ | 오 | 오 | O | 오 | | | | |
| ㅈ+ㅗ | 조 | 조 | Jo | 조 | | | | |
| ㅊ+ㅗ | 초 | 초 | Cho | 초 | | | | |
| ㅋ+ㅗ | 코 | 코 | Ko | 코 | | | | |
| ㅌ+ㅗ | 토 | 토 | To | 토 | | | | |
| ㅍ+ㅗ | 포 | 포 | Po | 포 | | | | |
| ㅎ+ㅗ | 호 | 호 | Ho | 호 | | | | |

자음+모음(ㅜ) [Consonante + Vocal (ㅜ)]

월 일

## 자음+모음(ㅜ) 읽기 [Leer Consonante + Vocal (ㅜ)]

| 구 | 누 | 두 | 루 | 무 |
|---|---|---|---|---|
| Gu | Nu | Du | Ru | Mu |
| 부 | 수 | 우 | 주 | 추 |
| Bu | Su | U | Ju | Chu |
| 쿠 | 투 | 푸 | 후 | |
| Ku | Tu | Pu | Hu | |

## 자음+모음(ㅜ) 쓰기 [Escribir Consonante + Vocal (ㅜ)]

| 구 | 누 | 두 | 루 | 무 |
|---|---|---|---|---|
| Gu | Nu | Du | Ru | Mu |
| 부 | 수 | 우 | 주 | 추 |
| Bu | Su | U | Ju | Chu |
| 쿠 | 투 | 푸 | 후 | |
| Ku | Tu | Pu | Hu | |

## 04 자음+모음(ㅜ) [Consonante + Vocal (ㅜ)]

월    일

### 자음+모음(ㅜ) 익히기 [Aprender Consonante + Vocal (ㅜ)]

다음 자음+모음(ㅜ)을 쓰는 순서에 맞게 따라 쓰세요.

(Escriba la siguiente Consonante + Vocal (ㅜ) siguiendo el orden de los trazos.)

| 자음+모음(ㅜ) | 이름 | 쓰는 순서 | 영어 표기 | 쓰기 | | | |
|---|---|---|---|---|---|---|---|
| ㄱ+ㅜ | 구 | | Gu | 구 | | | |
| ㄴ+ㅜ | 누 | | Nu | 누 | | | |
| ㄷ+ㅜ | 두 | | Du | 두 | | | |
| ㄹ+ㅜ | 루 | | Ru | 루 | | | |
| ㅁ+ㅜ | 무 | | Mu | 무 | | | |
| ㅂ+ㅜ | 부 | | Bu | 부 | | | |
| ㅅ+ㅜ | 수 | | Su | 수 | | | |
| ㅇ+ㅜ | 우 | | U | 우 | | | |
| ㅈ+ㅜ | 주 | | Ju | 주 | | | |
| ㅊ+ㅜ | 추 | | Chu | 추 | | | |
| ㅋ+ㅜ | 쿠 | | Ku | 쿠 | | | |
| ㅌ+ㅜ | 투 | | Tu | 투 | | | |
| ㅍ+ㅜ | 푸 | | Pu | 푸 | | | |
| ㅎ+ㅜ | 후 | | Hu | 후 | | | |

# 05 자음+모음(ㅡ) [Consonante + Vocal (ㅡ)]

월    일

## 자음+모음(ㅡ) 읽기 [Leer Consonante + Vocal (ㅡ)]

| 그 | 느 | 드 | 르 | 므 |
|---|---|---|---|---|
| Geu | Neu | Deu | Reu | Meu |
| 브 | 스 | 으 | 즈 | 츠 |
| Beu | Seu | Eu | Jeu | Cheu |
| 크 | 트 | 프 | 흐 | |
| Keu | Teu | Peu | Heu | |

## 자음+모음(ㅡ) 쓰기 [Escribir Consonante + Vocal (ㅡ)]

| 그 | 느 | 드 | 르 | 므 |
|---|---|---|---|---|
| Geu | Neu | Deu | Reu | Meu |
| 브 | 스 | 으 | 즈 | 츠 |
| Beu | Seu | Eu | Jeu | Cheu |
| 크 | 트 | 프 | 흐 | |
| Keu | Teu | Peu | Heu | |

 자음+모음(ㅡ) [Consonante + Vocal (ㅡ)]

월 일

## 자음+모음(ㅡ) 익히기 [Aprender Consonante + Vocal (ㅡ)]

다음 자음+모음(ㅡ)을 쓰는 순서에 맞게 따라 쓰세요.
(Escriba la siguiente Consonante + Vocal (ㅡ) siguiendo el orden de los trazos.)

| 자음+모음(ㅡ) | 이름 | 쓰는 순서 | 영어 표기 | 쓰기 | | | | |
|---|---|---|---|---|---|---|---|---|
| ㄱ+ㅡ | 그 | | Geu | 그 | | | | |
| ㄴ+ㅡ | 느 | | Neu | 느 | | | | |
| ㄷ+ㅡ | 드 | | Deu | 드 | | | | |
| ㄹ+ㅡ | 르 | | Reu | 르 | | | | |
| ㅁ+ㅡ | 므 | | Meu | 므 | | | | |
| ㅂ+ㅡ | 브 | | Beu | 브 | | | | |
| ㅅ+ㅡ | 스 | | Seu | 스 | | | | |
| ㅇ+ㅡ | 으 | | Eu | 으 | | | | |
| ㅈ+ㅡ | 즈 | | Jeu | 즈 | | | | |
| ㅊ+ㅡ | 츠 | | Cheu | 츠 | | | | |
| ㅋ+ㅡ | 크 | | Keu | 크 | | | | |
| ㅌ+ㅡ | 트 | | Teu | 트 | | | | |
| ㅍ+ㅡ | 프 | | Peu | 프 | | | | |
| ㅎ+ㅡ | 흐 | | Heu | 흐 | | | | |

## 06 자음+모음(ㅑ) [Consonante + Vocal (ㅑ)]

### 자음+모음(ㅑ) 읽기 [Leer Consonante + Vocal (ㅑ)]

| 갸 | 냐 | 댜 | 랴 | 먀 |
|---|---|---|---|---|
| Gya | Nya | Dya | Rya | Mya |
| 뱌 | 샤 | 야 | 쟈 | 챠 |
| Bya | Sya | Ya | Jya | Chya |
| 캬 | 탸 | 퍄 | 햐 | |
| Kya | Tya | Pya | Hya | |

### 자음+모음(ㅑ) 쓰기 [Escribir Consonante + Vocal (ㅑ)]

| 갸 | 냐 | 댜 | 랴 | 먀 |
|---|---|---|---|---|
| Gya | Nya | Dya | Rya | Mya |
| 뱌 | 샤 | 야 | 쟈 | 챠 |
| Bya | Sya | Ya | Jya | Chya |
| 캬 | 탸 | 퍄 | 햐 | |
| Kya | Tya | Pya | Hya | |

## 06 자음+모음(ㅑ) [Consonante + Vocal (ㅑ)]

월 일

### 자음+모음(ㅑ) 익히기 [Aprender Consonante + Vocal (ㅑ)]

다음 자음+모음(ㅑ)을 쓰는 순서에 맞게 따라 쓰세요.
(Escriba la siguiente Consonante + Vocal (ㅑ) siguiendo el orden de los trazos.)

| 자음+모음(ㅑ) | 이름 | 쓰는 순서 | 영어 표기 | 쓰기 | | | | |
|---|---|---|---|---|---|---|---|---|
| ㄱ+ㅑ | 갸 | 갸 | Gya | 갸 | | | | |
| ㄴ+ㅑ | 냐 | 냐 | Nya | 냐 | | | | |
| ㄷ+ㅑ | 댜 | 댜 | Dya | 댜 | | | | |
| ㄹ+ㅑ | 랴 | 랴 | Rya | 랴 | | | | |
| ㅁ+ㅑ | 먀 | 먀 | Mya | 먀 | | | | |
| ㅂ+ㅑ | 뱌 | 뱌 | Bya | 뱌 | | | | |
| ㅅ+ㅑ | 샤 | 샤 | Sya | 샤 | | | | |
| ㅇ+ㅑ | 야 | 야 | Ya | 야 | | | | |
| ㅈ+ㅑ | 쟈 | 쟈 | Jya | 쟈 | | | | |
| ㅊ+ㅑ | 챠 | 챠 | Chya | 챠 | | | | |
| ㅋ+ㅑ | 캬 | 캬 | Kya | 캬 | | | | |
| ㅌ+ㅑ | 탸 | 탸 | Tya | 탸 | | | | |
| ㅍ+ㅑ | 퍄 | 퍄 | Pya | 퍄 | | | | |
| ㅎ+ㅑ | 햐 | 햐 | Hya | 햐 | | | | |

# 07 자음+모음(ㅕ) [Consonante + Vocal (ㅕ)]

월 일

## 자음+모음(ㅕ) 읽기 [Leer Consonante + Vocal (ㅕ)]

| 겨 | 녀 | 뎌 | 려 | 며 |
|---|---|---|---|---|
| Gyeo | Nyeo | Dyeo | Ryeo | Myeo |
| 벼 | 셔 | 여 | 져 | 쳐 |
| Byeo | Syeo | Yeo | Jyeo | Chyeo |
| 켜 | 텨 | 펴 | 혀 | |
| Kya | Tyeo | Pyeo | Hyeo | |

## 자음+모음(ㅕ) 쓰기 [Escribir Consonante + Vocal (ㅕ)]

| 겨 | 녀 | 뎌 | 려 | 며 |
|---|---|---|---|---|
| Gyeo | Nyeo | Dyeo | Rya | Myeo |
| 벼 | 셔 | 여 | 져 | 쳐 |
| Byeo | Syeo | Yeo | Jyeo | Chyeo |
| 켜 | 텨 | 펴 | 혀 | |
| Kyeo | Tyeo | Pyeo | Hyeo | |

## 07 자음+모음 (ㅕ) [Consonante + Vocal (ㅕ)]

월    일

### 자음+모음 (ㅕ) 익히기 [Aprender Consonante + Vocal (ㅕ)]

다음 자음+모음 (ㅕ)을 쓰는 순서에 맞게 따라 쓰세요.

(Escriba la siguiente Consonante + Vocal (ㅕ) siguiendo el orden de los trazos.)

| 자음+모음 (ㅕ) | 이름 | 쓰는 순서 | 영어 표기 | 쓰기 | | | | |
|---|---|---|---|---|---|---|---|---|
| ㄱ+ㅕ | 겨 | 겨 | Gyeo | 겨 | | | | |
| ㄴ+ㅕ | 녀 | 녀 | Nyeo | 녀 | | | | |
| ㄷ+ㅕ | 뎌 | 뎌 | Dyeo | 뎌 | | | | |
| ㄹ+ㅕ | 려 | 려 | Ryeo | 려 | | | | |
| ㅁ+ㅕ | 며 | 며 | Myeo | 며 | | | | |
| ㅂ+ㅕ | 벼 | 벼 | Byeo | 벼 | | | | |
| ㅅ+ㅕ | 셔 | 셔 | Syeo | 셔 | | | | |
| ㅇ+ㅕ | 여 | 여 | Yeo | 여 | | | | |
| ㅈ+ㅕ | 져 | 져 | Jyeo | 져 | | | | |
| ㅊ+ㅕ | 쳐 | 쳐 | Chyeo | 쳐 | | | | |
| ㅋ+ㅕ | 켜 | 켜 | Kyeo | 켜 | | | | |
| ㅌ+ㅕ | 텨 | 텨 | Tyeo | 텨 | | | | |
| ㅍ+ㅕ | 펴 | 펴 | Pyeo | 펴 | | | | |
| ㅎ+ㅕ | 펴 | 혀 | Hyeo | 혀 | | | | |

# 자음+모음(ㅛ) [Consonante + Vocal (ㅛ)]

월    일

## 자음+모음(ㅛ) 읽기 [Leer Consonante + Vocal (ㅛ)]

| 교 | 뇨 | 됴 | 료 | 묘 |
|---|---|---|---|---|
| Gyo | Nyo | Dyo | Ryo | Myo |
| 뵤 | 쇼 | 요 | 죠 | 쵸 |
| Byo | Syo | Yo | Jyo | Chyo |
| 쿄 | 툐 | 표 | 효 | |
| Kyo | Tyo | Pyo | Hyo | |

## 자음+모음(ㅛ) 쓰기 [Escribir Consonante + Vocal (ㅛ)]

| | | | | |
|---|---|---|---|---|
| Gyo | Nyo | Dyo | Ryo | Myo |
| Byo | Syo | Yo | Jyo | Chyo |
| Kyo | Tyo | Pyo | Hyo | |

## 08 자음+모음(ㅛ) [Consonante + Vocal (ㅛ)]

월    일

### 자음+모음(ㅛ) 익히기 [Aprender Consonante + Vocal (ㅛ)]

다음 자음+모음(ㅛ)을 쓰는 순서에 맞게 따라 쓰세요.

(Escriba la siguiente Consonante + Vocal (ㅛ) siguiendo el orden de los trazos.)

| 자음+모음(ㅛ) | 이름 | 쓰는 순서 | 영어 표기 | 쓰기 | | | | |
|---|---|---|---|---|---|---|---|---|
| ㄱ+ㅛ | 교 | 교 | Gyo | 교 | | | | |
| ㄴ+ㅛ | 뇨 | 뇨 | Nyo | 뇨 | | | | |
| ㄷ+ㅛ | 됴 | 됴 | Dyo | 됴 | | | | |
| ㄹ+ㅛ | 료 | 료 | Ryo | 료 | | | | |
| ㅁ+ㅛ | 묘 | 묘 | Myo | 묘 | | | | |
| ㅂ+ㅛ | 뵤 | 뵤 | Byo | 뵤 | | | | |
| ㅅ+ㅛ | 쇼 | 쇼 | Syo | 쇼 | | | | |
| ㅇ+ㅛ | 요 | 요 | Yo | 요 | | | | |
| ㅈ+ㅛ | 죠 | 죠 | Jyo | 죠 | | | | |
| ㅊ+ㅛ | 쵸 | 쵸 | Chyo | 쵸 | | | | |
| ㅋ+ㅛ | 쿄 | 쿄 | Kyo | 쿄 | | | | |
| ㅌ+ㅛ | 툐 | 툐 | Tyo | 툐 | | | | |
| ㅍ+ㅛ | 표 | 표 | Pyo | 표 | | | | |
| ㅎ+ㅛ | 효 | 효 | Hyo | 효 | | | | |

# 09 자음+모음(ㅠ) [Consonante + Vocal (ㅠ)]

월 일

## 자음+모음(ㅠ) 읽기 [Leer Consonante + Vocal (ㅠ)]

| 규 | 뉴 | 듀 | 류 | 뮤 |
|---|---|---|---|---|
| Gyu | Nyu | Dyu | Ryu | Myu |
| 뷰 | 슈 | 유 | 쥬 | 츄 |
| Byu | Syu | Yu | Jyu | Chyu |
| 큐 | 튜 | 퓨 | 휴 | |
| Kyu | Tyu | Pyu | Hyu | |

## 자음+모음(ㅠ) 쓰기 [Escribir Consonante + Vocal (ㅠ)]

| 규 | 뉴 | 듀 | 류 | 뮤 |
|---|---|---|---|---|
| Gyu | Nyu | Dyu | Ryu | Myu |
| 뷰 | 슈 | 유 | 쥬 | 츄 |
| Byu | Syu | Yu | Jyu | Chyu |
| 큐 | 튜 | 퓨 | 휴 | |
| Kyu | Tyu | Pyu | Hyu | |

**09** 자음＋모음(ㅠ) [Consonante + Vocal (ㅠ)]

월   일

## 자음＋모음(ㅠ) 익히기 [Aprender Consonante + Vocal (ㅠ)]

다음 자음＋모음(ㅠ)을 쓰는 순서에 맞게 따라 쓰세요.

(Escriba la siguiente Consonante + Vocal (ㅠ) siguiendo el orden de los trazos.)

| 자음＋모음(ㅠ) | 이름 | 쓰는 순서 | 영어 표기 | 쓰기 | | | | | |
|---|---|---|---|---|---|---|---|---|---|
| ㄱ＋ㅠ | 규 | 규 | Gyu | 규 | | | | | |
| ㄴ＋ㅠ | 뉴 | 뉴 | Nyu | 뉴 | | | | | |
| ㄷ＋ㅠ | 듀 | 듀 | Dyu | 듀 | | | | | |
| ㄹ＋ㅠ | 류 | 류 | Ryu | 류 | | | | | |
| ㅁ＋ㅠ | 뮤 | 뮤 | Myu | 뮤 | | | | | |
| ㅂ＋ㅠ | 뷰 | 뷰 | Byu | 뷰 | | | | | |
| ㅅ＋ㅠ | 슈 | 슈 | Syu | 슈 | | | | | |
| ㅇ＋ㅠ | 유 | 유 | Yu | 유 | | | | | |
| ㅈ＋ㅠ | 쥬 | 쥬 | Jyu | 쥬 | | | | | |
| ㅊ＋ㅠ | 츄 | 츄 | Chyu | 츄 | | | | | |
| ㅋ＋ㅠ | 큐 | 큐 | Kyu | 큐 | | | | | |
| ㅌ＋ㅠ | 튜 | 튜 | Tyu | 튜 | | | | | |
| ㅍ＋ㅠ | 퓨 | 퓨 | Pyu | 퓨 | | | | | |
| ㅎ＋ㅠ | 휴 | 휴 | Hyu | 휴 | | | | | |

## 자음+모음( ㅣ ) 읽기 [Leer Consonante + Vocal ( ㅣ )]

| 기 | 니 | 디 | 리 | 미 |
|---|---|---|---|---|
| Gi | Ni | Di | Ri | Mi |
| 비 | 시 | 이 | 지 | 치 |
| Bi | Si | I | Ji | Chi |
| 키 | 티 | 피 | 히 | |
| Ki | Ti | Pi | Hi | |

## 자음+모음( ㅣ ) 쓰기 [Escribir Consonante + Vocal ( ㅣ )]

| 기 | 니 | 디 | 리 | 미 |
|---|---|---|---|---|
| Gi | Ni | Di | Ri | Mi |
| 비 | 시 | 이 | 지 | 치 |
| Bi | Si | I | Ji | Chi |
| 키 | 티 | 피 | 히 | |
| Ki | Ti | Pi | Hi | |

## ⑩ 자음+모음( ㅣ ) [Consonante + Vocal ( ㅣ )]

월    일

### 자음+모음( ㅣ ) 익히기 [Aprender Consonante + Vocal ( ㅣ )]

다음 자음+모음( ㅣ )을 쓰는 순서에 맞게 따라 쓰세요.

(Escriba la siguiente Consonante + Vocal ( ㅣ ) siguiendo el orden de los trazos.)

| 자음+모음(ㅣ) | 이름 | 쓰는 순서 | 영어 표기 | 쓰기 | | | | |
|---|---|---|---|---|---|---|---|---|
| ㄱ+ㅣ | 기 | 기 | Gi | 기 | | | | |
| ㄴ+ㅣ | 니 | 니 | Ni | 니 | | | | |
| ㄷ+ㅣ | 디 | 디 | Di | 디 | | | | |
| ㄹ+ㅣ | 리 | 리 | Ri | 리 | | | | |
| ㅁ+ㅣ | 미 | 미 | Mi | 미 | | | | |
| ㅂ+ㅣ | 비 | 비 | Bi | 비 | | | | |
| ㅅ+ㅣ | 시 | 시 | Si | 시 | | | | |
| ㅇ+ㅣ | 이 | 이 | I | 이 | | | | |
| ㅈ+ㅣ | 지 | 지 | Ji | 지 | | | | |
| ㅊ+ㅣ | 치 | 치 | Chi | 치 | | | | |
| ㅋ+ㅣ | 키 | 키 | Ki | 키 | | | | |
| ㅌ+ㅣ | 티 | 티 | Ti | 티 | | | | |
| ㅍ+ㅣ | 피 | 피 | Pi | 피 | | | | |
| ㅎ+ㅣ | 히 | 히 | Hi | 히 | | | | |

# 한글 자음과 모음 받침표 [Tabla de las consonantes y vocales finales]

월 일

※ 참고 : 받침 'ㄱ~ㅎ'(49p~62P)에서 학습할 내용

| mp3 | 받침 | 가 | 나 | 다 | 라 | 마 | 바 | 사 | 아 | 자 | 차 | 카 | 타 | 파 | 하 |
|---|---|---|---|---|---|---|---|---|---|---|---|---|---|---|---|
| | ㄱ | 각 | 낙 | 닥 | 락 | 막 | 박 | 삭 | 악 | 작 | 착 | 칵 | 탁 | 팍 | 학 |
| | ㄴ | 간 | 난 | 단 | 란 | 만 | 반 | 산 | 안 | 잔 | 찬 | 칸 | 탄 | 판 | 한 |
| | ㄷ | 갇 | 낟 | 닫 | 랃 | 맏 | 받 | 삳 | 앋 | 잗 | 찯 | 칻 | 탇 | 팓 | 핟 |
| | ㄹ | 갈 | 날 | 달 | 랄 | 말 | 발 | 살 | 알 | 잘 | 찰 | 칼 | 탈 | 팔 | 할 |
| | ㅁ | 감 | 남 | 담 | 람 | 맘 | 밤 | 삼 | 암 | 잠 | 참 | 캄 | 탐 | 팜 | 함 |
| | ㅂ | 갑 | 납 | 답 | 랍 | 맙 | 밥 | 삽 | 압 | 잡 | 찹 | 캅 | 탑 | 팝 | 합 |
| | ㅅ | 갓 | 낫 | 닷 | 랏 | 맛 | 밧 | 삿 | 앗 | 잣 | 찻 | 캇 | 탓 | 팟 | 핫 |
| | ㅇ | 강 | 낭 | 당 | 랑 | 망 | 방 | 상 | 앙 | 장 | 창 | 캉 | 탕 | 팡 | 항 |
| | ㅈ | 갖 | 낮 | 닺 | 랒 | 맞 | 밪 | 샂 | 앚 | 잦 | 찾 | 캊 | 탖 | 팢 | 핮 |
| | ㅊ | 갗 | 낯 | 닻 | 랓 | 맟 | 밫 | 샃 | 앛 | 잧 | 찿 | 캋 | 탗 | 팣 | 핯 |
| | ㅋ | 갘 | 낰 | 닼 | 랔 | 맠 | 밬 | 샄 | 앜 | 잨 | 챀 | 캌 | 탘 | 팤 | 핰 |
| | ㅌ | 같 | 낱 | 닽 | 랕 | 맡 | 밭 | 샅 | 앝 | 잩 | 챁 | 캍 | 탙 | 팥 | 핱 |
| | ㅍ | 갚 | 낲 | 닾 | 랖 | 맢 | 밮 | 샆 | 앞 | 잪 | 챂 | 캎 | 탚 | 팦 | 핲 |
| | ㅎ | 갛 | 낳 | 닿 | 랗 | 맣 | 밯 | 샇 | 앟 | 잫 | 챃 | 캏 | 탛 | 팧 | 핳 |

제5장

# 자음과
# 겹모음

Parte quinta:
Consonantes sencillas y
vocales compuestas

국어국립원의 '우리말샘'에 등록되지 않은 글자. 또는 쓰임이 적은
글자를 아래와 같이 수록하니, 학습에 참고하시길 바랍니다.

| 페이지 | '우리말샘'에 등록되지 않은 글자. 또는 쓰임이 적은 글자 |
|---|---|
| 42p | 뎨(Dye) 볘(Bye) 졔(Jye) 쳬(Chye) 톄(Tye) |
| 43p | 돠(Dwa) 롸(Rwa) 뫄(Mwa) 톼(Twa) 퐈(Pwa) |
| 44p | 놰(Nwae) 뢔(Rwae) 뫠(Mwae) 쵀(Chwae) 퐤(Pwae) |
| 46p | 풔(Pwo) |
| 48p | 듸(Dui) 릐(Rui) 믜(Mui) 븨(Bui) 싀(Sui) 즤(Jui) 츼(Chui) 킈(Kui) |
| 51p | 랃(Rat) 앋(At) 챋(Chat) 칻(Kat) 탇(Tat) 팓(Pat) |
| 57p | 삿(Sat) 캇(Kat) 탓(Tat) 팟(Pat) 핫(Hat) |
| 58p | 랒(Rat) 맞(Mat) 밫(Bat) 샂(Sat) 앚(At) 잦(Jat) 챶(Chat) 캋(Chat) 탖(Tat) 팢(Pat) 핮(Hat) |
| 59p | 각(Gak) 낙(Nak) 닥(Dak) 락(Rak) 막(Mak) 박(Bak) 삭(Sak) 작(Jak) 착(Chak) 칵(Kak) 팍(Pak) 학(Hak) |
| 60p | 닽(Dat) 랕(Rat) 잩(Jat) 챁(Chat) 캍(Kat) 탙(Tat) 핱(Hat) |
| 61p | 닾(Dap) 맢(Map) 밮(Bap) 챂(Chap) 캎(Kap) 탚(Tap) 팦(Pap) 핲(Hap) |
| 62p | 밫(Bat) 샃(Sat) 앛(At) 잧(Jat) 챃(Chat) 캋(Kat) 탗(Tat) 팧(Pat) 핳(Hat) |

## 01 자음+겹모음(ㅐ)
### [Consonante + Vocal Compuesta (ㅐ)]

월    일

**자음+겹모음(ㅐ)** [Consonante + Vocal Compuesta (ㅐ)]

다음 자음+겹모음(ㅐ)을 쓰는 순서에 맞게 따라 쓰세요.

(Escriba la siguiente Consonante + Vocal Compuesta (ㅐ) siguiendo el orden de los trazos.)

| 자음+겹모음(ㅐ) | 영어 표기 | 쓰기 | | | | | |
|---|---|---|---|---|---|---|---|
| ㄱ+ㅐ | Gae | 개 | | | | | |
| ㄴ+ㅐ | Nae | 내 | | | | | |
| ㄷ+ㅐ | Dae | 대 | | | | | |
| ㄹ+ㅐ | Rae | 래 | | | | | |
| ㅁ+ㅐ | Mae | 매 | | | | | |
| ㅂ+ㅐ | Bae | 배 | | | | | |
| ㅅ+ㅐ | Sae | 새 | | | | | |
| ㅇ+ㅐ | Ae | 애 | | | | | |
| ㅈ+ㅐ | Jae | 재 | | | | | |
| ㅊ+ㅐ | Chae | 채 | | | | | |
| ㅋ+ㅐ | Kae | 캐 | | | | | |
| ㅌ+ㅐ | Tae | 태 | | | | | |
| ㅍ+ㅐ | Pae | 패 | | | | | |
| ㅎ+ㅐ | Hae | 해 | | | | | |

## O2 자음+겹모음(ㅖ)

[Consonante + Vocal Compuesta (ㅖ)]

월    일

### 자음+겹모음(ㅖ) [Consonante + Vocal Compuesta (ㅖ)]

다음 자음+겹모음(ㅖ)을 쓰는 순서에 맞게 따라 쓰세요.

(Escriba la siguiente Consonante + Vocal Compuesta (ㅖ) siguiendo el orden de los trazos.)

| 자음+겹모음(ㅖ) | 영어 표기 | 쓰기 | | | | |
|---|---|---|---|---|---|---|
| ㄱ+ㅖ | Ge | 게 | | | | |
| ㄴ+ㅖ | Ne | 네 | | | | |
| ㄷ+ㅖ | De | 데 | | | | |
| ㄹ+ㅖ | Re | 레 | | | | |
| ㅁ+ㅖ | Me | 메 | | | | |
| ㅂ+ㅖ | Be | 베 | | | | |
| ㅅ+ㅖ | Se | 세 | | | | |
| ㅇ+ㅖ | E | 에 | | | | |
| ㅈ+ㅖ | Je | 제 | | | | |
| ㅊ+ㅖ | Che | 체 | | | | |
| ㅋ+ㅖ | Ke | 케 | | | | |
| ㅌ+ㅖ | Te | 테 | | | | |
| ㅍ+ㅖ | Pe | 페 | | | | |
| ㅎ+ㅖ | He | 헤 | | | | |

## 03 자음+겹모음(ㅖ)
### [Consonante + Vocal Compuesta (ㅖ)]

월    일

**자음+겹모음(ㅖ) [Consonante + Vocal Compuesta (ㅖ)]**

다음 자음+겹모음(ㅖ)을 쓰는 순서에 맞게 따라 쓰세요.

(Escriba la siguiente Consonante + Vocal Compuesta (ㅖ) siguiendo el orden de los trazos.)

| 자음+겹모음(ㅖ) | 영어 표기 | 쓰기 | | | | | | |
|---|---|---|---|---|---|---|---|---|
| ㄱ+ㅖ | Gye | 계 | | | | | | |
| ㄴ+ㅖ | Nye | 녜 | | | | | | |
| ㄷ+ㅖ | Dye | 뎨 | | | | | | |
| ㄹ+ㅖ | Rye | 례 | | | | | | |
| ㅁ+ㅖ | Mye | 몌 | | | | | | |
| ㅂ+ㅖ | Bye | 볘 | | | | | | |
| ㅅ+ㅖ | Sye | 셰 | | | | | | |
| ㅇ+ㅖ | Ye | 예 | | | | | | |
| ㅈ+ㅖ | Jye | 졔 | | | | | | |
| ㅊ+ㅖ | Chye | 쳬 | | | | | | |
| ㅋ+ㅖ | Kye | 켸 | | | | | | |
| ㅌ+ㅖ | Tye | 톄 | | | | | | |
| ㅍ+ㅖ | Pye | 폐 | | | | | | |
| ㅎ+ㅖ | Hye | 혜 | | | | | | |

## 04 자음+겹모음(ㅘ)

[Consonante + Vocal Compuesta (ㅘ)]

월    일

### 자음+겹모음(ㅘ) [Consonante + Vocal Compuesta (ㅘ)]

다음 자음+겹모음(ㅘ)을 쓰는 순서에 맞게 따라 쓰세요.

(Escriba la siguiente Consonante + Vocal Compuesta (ㅘ) siguiendo el orden de los trazos.)

| 자음+겹모음(ㅘ) | 영어 표기 | 쓰기 | | | | | |
|---|---|---|---|---|---|---|---|
| ㄱ+ㅘ | Gwa | 과 | | | | | |
| ㄴ+ㅘ | Nwa | 놔 | | | | | |
| ㄷ+ㅘ | Dwa | 돠 | | | | | |
| ㄹ+ㅘ | Rwa | 롸 | | | | | |
| ㅁ+ㅘ | Mwa | 뫄 | | | | | |
| ㅂ+ㅘ | Bwa | 봐 | | | | | |
| ㅅ+ㅘ | Swa | 솨 | | | | | |
| ㅇ+ㅘ | Wa | 와 | | | | | |
| ㅈ+ㅘ | Jwa | 좌 | | | | | |
| ㅊ+ㅘ | Chwa | 촤 | | | | | |
| ㅋ+ㅘ | Kwa | 콰 | | | | | |
| ㅌ+ㅘ | Twa | 톼 | | | | | |
| ㅍ+ㅘ | Pwa | 퐈 | | | | | |
| ㅎ+ㅘ | Hwa | 화 | | | | | |

# 05 자음+겹모음(ㅙ)
## [Consonante + Vocal Compuesta (ㅙ)]

월   일

**자음+겹모음(ㅙ)** [Consonante + Vocal Compuesta (ㅙ)]

다음 자음+겹모음(ㅙ)을 쓰는 순서에 맞게 따라 쓰세요.

(Escriba la siguiente Consonante + Vocal Compuesta (ㅙ) siguiendo el orden de los trazos.)

| 자음+겹모음(ㅙ) | 영어 표기 | 쓰기 | | | | | |
|---|---|---|---|---|---|---|---|
| ㄱ+ㅙ | Gwae | 괘 | | | | | |
| ㄴ+ㅙ | Nwae | 내 | | | | | |
| ㄷ+ㅙ | Dwae | 돼 | | | | | |
| ㄹ+ㅙ | Rwae | 뢔 | | | | | |
| ㅁ+ㅙ | Mwae | 뫠 | | | | | |
| ㅂ+ㅙ | Bwae | 봬 | | | | | |
| ㅅ+ㅙ | Swae | 쇄 | | | | | |
| ㅇ+ㅙ | Wae | 왜 | | | | | |
| ㅈ+ㅙ | Jwae | 좨 | | | | | |
| ㅊ+ㅙ | Chwae | 쵀 | | | | | |
| ㅋ+ㅙ | Kwae | 쾌 | | | | | |
| ㅌ+ㅙ | Twae | 퇘 | | | | | |
| ㅍ+ㅙ | Pwae | 퐤 | | | | | |
| ㅎ+ㅙ | Hwae | 홰 | | | | | |

## 06 자음+겹모음(ㅚ)
### [Consonante + Vocal Compuesta (ㅚ)]

월    일

### 자음+겹모음(ㅚ) [Consonante + Vocal Compuesta (ㅚ)]

다음 자음+겹모음(ㅚ)을 쓰는 순서에 맞게 따라 쓰세요.
(Escriba la siguiente Consonante + Vocal Compuesta (ㅚ) siguiendo el orden de los trazos.)

| 자음+겹모음(ㅚ) | 영어 표기 | 쓰기 | | | | | |
|---|---|---|---|---|---|---|---|
| ㄱ+ㅚ | Goe | 괴 | | | | | |
| ㄴ+ㅚ | Noe | 뇌 | | | | | |
| ㄷ+ㅚ | Doe | 되 | | | | | |
| ㄹ+ㅚ | Roe | 뢰 | | | | | |
| ㅁ+ㅚ | Moe | 뫼 | | | | | |
| ㅂ+ㅚ | Boe | 뵈 | | | | | |
| ㅅ+ㅚ | Soe | 쇠 | | | | | |
| ㅇ+ㅚ | Oe | 외 | | | | | |
| ㅈ+ㅚ | Joe | 죄 | | | | | |
| ㅊ+ㅚ | Choe | 최 | | | | | |
| ㅋ+ㅚ | Koe | 쾨 | | | | | |
| ㅌ+ㅚ | Toe | 퇴 | | | | | |
| ㅍ+ㅚ | Poe | 푀 | | | | | |
| ㅎ+ㅚ | Hoe | 회 | | | | | |

# 07 자음+겹모음(ㅝ)

## [Consonante + Vocal Compuesta (ㅝ)]

월    일

**자음+겹모음(ㅝ)** [Consonante + Vocal Compuesta (ㅝ)]

다음 자음+겹모음(ㅝ)을 쓰는 순서에 맞게 따라 쓰세요.

(Escriba la siguiente Consonante + Vocal Compuesta (ㅝ) siguiendo el orden de los trazos.)

| 자음+겹모음(ㅝ) | 영어 표기 | 쓰기 | | | | | | |
|---|---|---|---|---|---|---|---|---|
| ㄱ+ㅝ | Gwo | 궈 | | | | | | |
| ㄴ+ㅝ | Nwo | 눠 | | | | | | |
| ㄷ+ㅝ | Dwo | 둬 | | | | | | |
| ㄹ+ㅝ | Rwo | 뤄 | | | | | | |
| ㅁ+ㅝ | Mwo | 뭐 | | | | | | |
| ㅂ+ㅝ | Bwo | 붜 | | | | | | |
| ㅅ+ㅝ | Swo | 쉬 | | | | | | |
| ㅇ+ㅝ | Wo | 워 | | | | | | |
| ㅈ+ㅝ | Jwo | 줘 | | | | | | |
| ㅊ+ㅝ | Chwo | 춰 | | | | | | |
| ㅋ+ㅝ | Kwo | 쿼 | | | | | | |
| ㅌ+ㅝ | Two | 퉈 | | | | | | |
| ㅍ+ㅝ | Pwo | 풔 | | | | | | |
| ㅎ+ㅝ | Hwo | 훠 | | | | | | |

## 08 자음+겹모음(ㅟ)
### [Consonante + Vocal Compuesta (ㅟ)]

**자음+겹모음(ㅟ)** [Consonante + Vocal Compuesta (ㅟ)]

다음 자음+겹모음(ㅟ)을 쓰는 순서에 맞게 따라 쓰세요.
(Escriba la siguiente Consonante + Vocal Compuesta (ㅟ) siguiendo el orden de los trazos.)

| 자음+겹모음(ㅟ) | 영어 표기 | 쓰기 | | | | |
|---|---|---|---|---|---|---|
| ㄱ+ㅟ | Gwi | 귀 | | | | |
| ㄴ+ㅟ | Nwi | 뉘 | | | | |
| ㄷ+ㅟ | Dwi | 뒤 | | | | |
| ㄹ+ㅟ | Rwi | 뤼 | | | | |
| ㅁ+ㅟ | Mwi | 뮈 | | | | |
| ㅂ+ㅟ | Bwi | 뷔 | | | | |
| ㅅ+ㅟ | Swi | 쉬 | | | | |
| ㅇ+ㅟ | Wi | 위 | | | | |
| ㅈ+ㅟ | Jwi | 쥐 | | | | |
| ㅊ+ㅟ | Chwi | 취 | | | | |
| ㅋ+ㅟ | Kwi | 퀴 | | | | |
| ㅌ+ㅟ | Twi | 튀 | | | | |
| ㅍ+ㅟ | Pwi | 퓌 | | | | |
| ㅎ+ㅟ | Hwi | 휘 | | | | |

## 09 자음+겹모음(ㅟ)
### [Consonante + Vocal Compuesta (ㅟ)]

월    일

### 자음+겹모음(ㅟ) [Consonante + Vocal Compuesta (ㅟ)]

다음 자음+겹모음(ㅟ)을 쓰는 순서에 맞게 따라 쓰세요.

(Escriba la siguiente Consonante + Vocal Compuesta (ㅟ) siguiendo el orden de los trazos.)

| 자음+겹모음(ㅟ) | 영어 표기 | 쓰기 | | | | | | |
|---|---|---|---|---|---|---|---|---|
| ㄱ+ㅟ | Gwi | 귀 | | | | | | |
| ㄴ+ㅟ | Nwi | 뉘 | | | | | | |
| ㄷ+ㅟ | Dwi | 뒤 | | | | | | |
| ㄹ+ㅟ | Rwi | 뤼 | | | | | | |
| ㅁ+ㅟ | Mwi | 뮈 | | | | | | |
| ㅂ+ㅟ | Bwi | 뷔 | | | | | | |
| ㅅ+ㅟ | Swi | 쉬 | | | | | | |
| ㅇ+ㅟ | Wi | 위 | | | | | | |
| ㅈ+ㅟ | Jwi | 쥐 | | | | | | |
| ㅊ+ㅟ | Chwi | 취 | | | | | | |
| ㅋ+ㅟ | Kwi | 퀴 | | | | | | |
| ㅌ+ㅟ | Twi | 튀 | | | | | | |
| ㅍ+ㅟ | Pwi | 퓌 | | | | | | |
| ㅎ+ㅟ | Hwi | 휘 | | | | | | |

## 10 받침 ㄱ(기역)이 있는 글자
[Letras con 'ㄱ'(Guiyok) como Consonante Final]

월    일

### 받침 ㄱ(기역) ['ㄱ'(Guiyok) como Consonante Final]

다음 받침 ㄱ(기역)이 들어간 글자를 쓰는 순서에 맞게 따라 쓰세요.

(Escriba las siguientes letras con 'ㄱ'(Guiyok) como consonante final, siguiendo el orden de los trazos.)

| 받침 ㄱ(기역) | 영어 표기 | 쓰기 | | | | | |
|---|---|---|---|---|---|---|---|
| 가+ㄱ | Gak | 각 | | | | | |
| 나+ㄱ | Nak | 낙 | | | | | |
| 다+ㄱ | Dak | 닥 | | | | | |
| 라+ㄱ | Rak | 락 | | | | | |
| 마+ㄱ | Mak | 막 | | | | | |
| 바+ㄱ | Bak | 박 | | | | | |
| 사+ㄱ | Sak | 삭 | | | | | |
| 아+ㄱ | Ak | 악 | | | | | |
| 자+ㄱ | Jak | 작 | | | | | |
| 차+ㄱ | Chak | 착 | | | | | |
| 카+ㄱ | Kak | 칵 | | | | | |
| 타+ㄱ | Tak | 탁 | | | | | |
| 파+ㄱ | Pak | 팍 | | | | | |
| 하+ㄱ | Hak | 학 | | | | | |

## 11 받침 ㄴ(니은)이 있는 글자
[Letras con 'ㄴ'(Nieun) como Consonante Final]

월   일

### 받침 ㄴ(니은) ['ㄴ'(Nieun) como Consonante Final]

다음 받침 ㄴ(니은)이 들어간 글자를 쓰는 순서에 맞게 따라 쓰세요.

(Escriba las siguientes letras con 'ㄴ'(Nieun) como consonante final, siguiendo el orden de los trazos.)

| 받침 ㄴ(니은) | 영어 표기 | 쓰기 | | | | | |
|---|---|---|---|---|---|---|---|
| 가+ㄴ | Gan | 간 | | | | | |
| 나+ㄴ | Nan | 난 | | | | | |
| 다+ㄴ | Dan | 단 | | | | | |
| 라+ㄴ | Ran | 란 | | | | | |
| 마+ㄴ | Man | 만 | | | | | |
| 바+ㄴ | Ban | 반 | | | | | |
| 사+ㄴ | San | 산 | | | | | |
| 아+ㄴ | An | 안 | | | | | |
| 자+ㄴ | Jan | 잔 | | | | | |
| 차+ㄴ | Chan | 찬 | | | | | |
| 카+ㄴ | Kan | 칸 | | | | | |
| 타+ㄴ | Tan | 탄 | | | | | |
| 파+ㄴ | Pan | 판 | | | | | |
| 하+ㄴ | Han | 한 | | | | | |

## 12 받침 ㄷ(디귿)이 있는 글자
### [Letras con 'ㄷ'(Digeut) como Consonante Final]

월    일

### ㄷ 받침 ㄷ(디귿) ['ㄷ'(Digeut) como Consonante Final]

다음 받침 ㄷ(디귿)이 들어간 글자를 쓰는 순서에 맞게 따라 쓰세요.
(Escriba las siguientes letras con 'ㄷ'(Digeut) como consonante final, siguiendo el orden de los trazos.)

| 받침 ㄷ(디귿) | 영어 표기 | 쓰기 | | | | | |
|---|---|---|---|---|---|---|---|
| 가+ㄷ | Gat | 갇 | | | | | |
| 나+ㄷ | Nat | 낟 | | | | | |
| 다+ㄷ | Dat | 닫 | | | | | |
| 라+ㄷ | Rat | 랃 | | | | | |
| 마+ㄷ | Mat | 맏 | | | | | |
| 바+ㄷ | Bat | 받 | | | | | |
| 사+ㄷ | Sat | 삳 | | | | | |
| 아+ㄷ | At | 앋 | | | | | |
| 자+ㄷ | Jat | 잗 | | | | | |
| 차+ㄷ | Chat | 찯 | | | | | |
| 카+ㄷ | Kat | 칻 | | | | | |
| 타+ㄷ | Tat | 탇 | | | | | |
| 파+ㄷ | Pat | 팓 | | | | | |
| 하+ㄷ | Hat | 핟 | | | | | |

## 13 받침 ㄹ(리을)이 있는 글자
### [Letras con 'ㄹ'(Rieul) como Consonante Final]

월    일

### ㄹ 받침 ㄹ(리을) ['ㄹ'(Rieul) como Consonante Final]

다음 받침 ㄹ(리을)이 들어간 글자를 쓰는 순서에 맞게 따라 쓰세요.

(Escriba las siguientes letras con 'ㄹ'(Rieul) como consonante final, siguiendo el orden de los trazos.)

| 받침 ㄹ(리을) | 영어 표기 | 쓰기 | | | | | |
|---|---|---|---|---|---|---|---|
| 가+ㄹ | Gal | 갈 | | | | | |
| 나+ㄹ | Nal | 날 | | | | | |
| 다+ㄹ | Dal | 달 | | | | | |
| 라+ㄹ | Ral | 랄 | | | | | |
| 마+ㄹ | Mal | 말 | | | | | |
| 바+ㄹ | Bal | 발 | | | | | |
| 사+ㄹ | Sal | 살 | | | | | |
| 아+ㄹ | Al | 알 | | | | | |
| 자+ㄹ | Jal | 잘 | | | | | |
| 차+ㄹ | Chal | 찰 | | | | | |
| 카+ㄹ | Kal | 칼 | | | | | |
| 타+ㄹ | Tal | 탈 | | | | | |
| 파+ㄹ | Pal | 팔 | | | | | |
| 하+ㄹ | Hal | 할 | | | | | |

## 14 받침 ㅁ(미음)이 있는 글자
### [Letras con 'ㅁ'(Mieum) como Consonante Final]

월    일

**⊟ 받침 ㅁ(미음)** ['ㅁ'(Mieum) como Consonante Final]

다음 받침 ㅁ(미음)이 들어간 글자를 쓰는 순서에 맞게 따라 쓰세요.

(Escriba las siguientes letras con 'ㅁ'(Mieum) como consonante final, siguiendo el orden de los trazos.)

| 받침 ㅁ(미음) | 영어 표기 | 쓰기 | | | | | | |
|---|---|---|---|---|---|---|---|---|
| 가+ㅁ | Gam | 감 | | | | | | |
| 나+ㅁ | Nam | 남 | | | | | | |
| 다+ㅁ | Dam | 담 | | | | | | |
| 라+ㅁ | Ram | 람 | | | | | | |
| 마+ㅁ | Mam | 맘 | | | | | | |
| 바+ㅁ | Bam | 밤 | | | | | | |
| 사+ㅁ | Sam | 삼 | | | | | | |
| 아+ㅁ | Am | 암 | | | | | | |
| 자+ㅁ | Jam | 잠 | | | | | | |
| 차+ㅁ | Cham | 참 | | | | | | |
| 카+ㅁ | Kam | 캄 | | | | | | |
| 타+ㅁ | Tam | 탐 | | | | | | |
| 파+ㅁ | Pam | 팜 | | | | | | |
| 하+ㅁ | Ham | 함 | | | | | | |

## 15 받침 ㅂ(비읍)이 있는 글자
### [Letras con 'ㅂ'(Bieup) como Consonante Final]

월 일

### 받침 ㅂ(비읍) ['ㅂ'(Bieup) como Consonante Final]

다음 받침 ㅂ(비읍)이 들어간 글자를 쓰는 순서에 맞게 따라 쓰세요.
(Escriba las siguientes letras con 'ㅂ'(Bieup) como consonante final, siguiendo el orden de los trazos.)

| 받침 ㅂ(비읍) | 영어 표기 | 쓰기 | | | | | |
|---|---|---|---|---|---|---|---|
| 가+ㅂ | Gap | 갑 | | | | | |
| 나+ㅂ | Nap | 납 | | | | | |
| 다+ㅂ | Dap | 답 | | | | | |
| 라+ㅂ | Rap | 랍 | | | | | |
| 마+ㅂ | Map | 맙 | | | | | |
| 바+ㅂ | Bap | 밥 | | | | | |
| 사+ㅂ | Sap | 삽 | | | | | |
| 아+ㅂ | Ap | 압 | | | | | |
| 자+ㅂ | Jap | 잡 | | | | | |
| 차+ㅂ | Chap | 찹 | | | | | |
| 카+ㅂ | Kap | 캅 | | | | | |
| 타+ㅂ | Tap | 탑 | | | | | |
| 파+ㅂ | Pap | 팝 | | | | | |
| 하+ㅂ | Hap | 합 | | | | | |

## 16 받침 ㅅ(시옷)이 있는 글자
### [Letras con 'ㅅ'(Siot) como Consonante Final]

월    일

### 받침 ㅅ(시옷) ['ㅅ'(Siot) como Consonante Final]

다음 받침 ㅅ(시옷)이 들어간 글자를 쓰는 순서에 맞게 따라 쓰세요.
(Escriba las siguientes letras con 'ㅅ'(Siot) como consonante final, siguiendo el orden de los trazos.)

| 받침 ㅅ(시옷) | 영어 표기 | 쓰기 | | | | | |
|---|---|---|---|---|---|---|---|
| 가+ㅅ | Gat | 갓 | | | | | |
| 나+ㅅ | Nat | 낫 | | | | | |
| 다+ㅅ | Dat | 닷 | | | | | |
| 라+ㅅ | Rat | 랏 | | | | | |
| 마+ㅅ | Mat | 맛 | | | | | |
| 바+ㅅ | Bat | 밧 | | | | | |
| 사+ㅅ | Sat | 삿 | | | | | |
| 아+ㅅ | At | 앗 | | | | | |
| 자+ㅅ | Jat | 잣 | | | | | |
| 차+ㅅ | Chat | 찻 | | | | | |
| 카+ㅅ | Kat | 캇 | | | | | |
| 타+ㅅ | Tat | 탓 | | | | | |
| 파+ㅅ | Pat | 팟 | | | | | |
| 하+ㅅ | Hat | 핫 | | | | | |

## 17 받침 ㅇ(이응)이 있는 글자

### [Letras con 'ㅇ'(leung) como Consonante Final]

월   일

### 받침 ㅇ(이응) ['ㅇ'(leung) como Consonante Final]

다음 받침 ㅇ(이응)이 들어간 글자를 쓰는 순서에 맞게 따라 쓰세요.

(Escriba las siguientes letras con 'ㅇ'(leung) como consonante final, siguiendo el orden de los trazos.)

| 받침 ㅇ(이응) | 영어 표기 | 쓰기 | | | | | | |
|:---:|:---:|:---:|:---:|:---:|:---:|:---:|:---:|:---:|
| 가+ㅇ | Gang | 강 | | | | | | |
| 나+ㅇ | Nang | 낭 | | | | | | |
| 다+ㅇ | Dang | 당 | | | | | | |
| 라+ㅇ | Rang | 랑 | | | | | | |
| 마+ㅇ | Mang | 망 | | | | | | |
| 바+ㅇ | Bang | 방 | | | | | | |
| 사+ㅇ | Sang | 상 | | | | | | |
| 아+ㅇ | Ang | 앙 | | | | | | |
| 자+ㅇ | Jang | 장 | | | | | | |
| 차+ㅇ | Chang | 창 | | | | | | |
| 카+ㅇ | Kang | 캉 | | | | | | |
| 타+ㅇ | Tang | 탕 | | | | | | |
| 파+ㅇ | Pang | 팡 | | | | | | |
| 하+ㅇ | Hang | 항 | | | | | | |

## 18 받침 ㅈ(지읒)이 있는 글자
### [Letras con 'ㅈ'(Jieut) como Consonante Final]

월    일

**받침 ㅈ(지읒)** ['ㅈ'(Jieut) como Consonante Final]

다음 받침 ㅈ(지읒)이 들어간 글자를 쓰는 순서에 맞게 따라 쓰세요.
(Escriba las siguientes letras con 'ㅈ'(Jieut) como consonante final, siguiendo el orden de los trazos.)

| 받침 ㅈ(지읒) | 영어 표기 | 쓰기 | | | | | |
|---|---|---|---|---|---|---|---|
| 가+ㅈ | Gat | 갖 | | | | | |
| 나+ㅈ | Nat | 낮 | | | | | |
| 다+ㅈ | Dat | 닺 | | | | | |
| 라+ㅈ | Rat | 랒 | | | | | |
| 마+ㅈ | Mat | 맞 | | | | | |
| 바+ㅈ | Bat | 밪 | | | | | |
| 사+ㅈ | Sat | 샂 | | | | | |
| 아+ㅈ | At | 앚 | | | | | |
| 자+ㅈ | Jat | 잦 | | | | | |
| 차+ㅈ | Chat | 찾 | | | | | |
| 카+ㅈ | Kat | 캊 | | | | | |
| 타+ㅈ | Tat | 탖 | | | | | |
| 파+ㅈ | Pat | 팢 | | | | | |
| 하+ㅈ | Hat | 핫 | | | | | |

## 19 받침 ㅊ(치읓)이 있는 글자

[Letras con 'ㅊ'(Chieut) como Consonante Final]

월    일

### 받침 ㅊ(치읓) ['ㅊ'(Chieut) como Consonante Final]

다음 받침 ㅊ(치읓)이 들어간 글자를 쓰는 순서에 맞게 따라 쓰세요.

(Escriba las siguientes letras con 'ㅊ'(Chieut) como consonante final, siguiendo el orden de los trazos.)

| 받침 ㅊ(치읓) | 영어 표기 | 쓰기 | | | | | |
|---|---|---|---|---|---|---|---|
| 가+ㅊ | Gat | 갗 | | | | | |
| 나+ㅊ | Nat | 낯 | | | | | |
| 다+ㅊ | Dat | 닻 | | | | | |
| 라+ㅊ | Rat | 랓 | | | | | |
| 마+ㅊ | Mat | 맞 | | | | | |
| 바+ㅊ | Bat | 밫 | | | | | |
| 사+ㅊ | Sat | 샃 | | | | | |
| 아+ㅊ | At | 앛 | | | | | |
| 자+ㅊ | Jat | 잦 | | | | | |
| 차+ㅊ | Chat | 찿 | | | | | |
| 카+ㅊ | Kat | 캋 | | | | | |
| 타+ㅊ | Tat | 탗 | | | | | |
| 파+ㅊ | Pat | 팣 | | | | | |
| 하+ㅊ | Hat | 핫 | | | | | |

## 20 받침 ㅋ(키읔)이 있는 글자
[Letras con 'ㅋ'(Kieuk) como Consonante Final]

월    일

### 받침 ㅋ(키읔) ['ㅋ'(Kieuk) como Consonante Final]

다음 받침 ㅋ(키읔)이 들어간 글자를 쓰는 순서에 맞게 따라 쓰세요.
(Escriba las siguientes letras con 'ㅋ'(Kieuk) como consonante final, siguiendo el orden de los trazos.)

| 받침 ㅋ(키읔) | 영어 표기 | 쓰기 | | | | | |
|---|---|---|---|---|---|---|---|
| 가+ㅋ | Gak | 각 | | | | | |
| 나+ㅋ | Nak | 낙 | | | | | |
| 다+ㅋ | Dak | 닥 | | | | | |
| 라+ㅋ | Rak | 락 | | | | | |
| 마+ㅋ | Mak | 막 | | | | | |
| 바+ㅋ | Bak | 박 | | | | | |
| 사+ㅋ | Sak | 삭 | | | | | |
| 아+ㅋ | Ak | 악 | | | | | |
| 자+ㅋ | Jak | 작 | | | | | |
| 차+ㅋ | Chak | 착 | | | | | |
| 카+ㅋ | Kak | 칵 | | | | | |
| 타+ㅋ | Tak | 탁 | | | | | |
| 파+ㅋ | Pak | 팍 | | | | | |
| 하+ㅋ | Hak | 학 | | | | | |

## 21 받침 ㅌ(티읕)이 있는 글자

[Letras con 'ㅌ'(Tieut) como Consonante Final]

월    일

### 받침 ㅌ(티읕) ['ㅌ'(Tieut) como Consonante Final]

다음 받침 ㅌ(티읕)이 들어간 글자를 쓰는 순서에 맞게 따라 쓰세요.

(Escriba las siguientes letras con 'ㅌ'(Tieut) como consonante final, siguiendo el orden de los trazos.)

| 받침 ㅌ(티읕) | 영어 표기 | 쓰기 | | | | | | |
|---|---|---|---|---|---|---|---|---|
| 가+ㅌ | Gat | 같 | | | | | | |
| 나+ㅌ | Nat | 낱 | | | | | | |
| 다+ㅌ | Dat | 닽 | | | | | | |
| 라+ㅌ | Rat | 랕 | | | | | | |
| 마+ㅌ | Mat | 맡 | | | | | | |
| 바+ㅌ | Bat | 밭 | | | | | | |
| 사+ㅌ | Sat | 샅 | | | | | | |
| 아+ㅌ | At | 앝 | | | | | | |
| 자+ㅌ | Jat | 잩 | | | | | | |
| 차+ㅌ | Chat | 챁 | | | | | | |
| 카+ㅌ | Kat | 캍 | | | | | | |
| 타+ㅌ | Tat | 탙 | | | | | | |
| 파+ㅌ | Pat | 팥 | | | | | | |
| 하+ㅌ | Hat | 핱 | | | | | | |

## 22 받침 ㅍ(피읖)이 있는 글자

[Letras con 'ㅍ'(Pieup) como Consonante Final]

월    일

### 받침 ㅍ(피읖) ['ㅍ'(Pieup) como Consonante Final]

다음 받침 ㅍ(피읖)이 들어간 글자를 쓰는 순서에 맞게 따라 쓰세요.

(Escriba las siguientes letras con 'ㅍ'(Pieup) como consonante final, siguiendo el orden de los trazos.)

| 받침 ㅍ(피읖) | 영어 표기 | 쓰기 | | | | |
|---|---|---|---|---|---|---|
| 가+ㅍ | Gap | 갚 | | | | |
| 나+ㅍ | Nap | 낲 | | | | |
| 다+ㅍ | Dap | 닾 | | | | |
| 라+ㅍ | Rap | 랖 | | | | |
| 마+ㅍ | Map | 맢 | | | | |
| 바+ㅍ | Bap | 밮 | | | | |
| 사+ㅍ | Sap | 샆 | | | | |
| 아+ㅍ | Ap | 앞 | | | | |
| 자+ㅍ | Jap | 잢 | | | | |
| 차+ㅍ | Chap | 챂 | | | | |
| 카+ㅍ | Kap | 캎 | | | | |
| 타+ㅍ | Tap | 탚 | | | | |
| 파+ㅍ | Pap | 팦 | | | | |
| 하+ㅍ | Hap | 핲 | | | | |

## 23 받침 ㅎ(히읗)이 있는 글자
### [Letras con 'ㅎ'(Hieut) como Consonante Final]

월    일

**받침 ㅎ(히읗) ['ㅎ'(Hieut) como Consonante Final]**

다음 받침 ㅎ(히읗)이 들어간 글자를 쓰는 순서에 맞게 따라 쓰세요.
(Escriba las siguientes letras con 'ㅎ'(Hieut) como consonante final, siguiendo el orden de los trazos.)

| 받침 ㅎ(히읗) | 영어 표기 | 쓰기 | | | | |
|:---:|:---:|:---:|:---:|:---:|:---:|:---:|
| 가+ㅎ | Gat | 갛 | | | | |
| 나+ㅎ | Nat | 낳 | | | | |
| 다+ㅎ | Dat | 닿 | | | | |
| 라+ㅎ | Rat | 랗 | | | | |
| 마+ㅎ | Mat | 맣 | | | | |
| 바+ㅎ | Bat | 밯 | | | | |
| 사+ㅎ | Sat | 삻 | | | | |
| 아+ㅎ | At | 앟 | | | | |
| 자+ㅎ | Jat | 잫 | | | | |
| 차+ㅎ | Chat | 챃 | | | | |
| 카+ㅎ | Kat | 캏 | | | | |
| 타+ㅎ | Tat | 탛 | | | | |
| 파+ㅎ | Pat | 팧 | | | | |
| 하+ㅎ | Hat | 핳 | | | | |

제6장

# 주제별
# 낱말

Parte sexta:
Vocabulario temático

# 과일 [Frutas]

월　일

■ 다음을 쓰는 순서에 맞게 따라 쓰세요.
　(Escriba las siguientes palabras siguiendo el orden de los trazos.)

| | | | | | | |
|---|---|---|---|---|---|---|
| 사 | 과 | | | | | |

사과 manzana

| | | | | | | |
|---|---|---|---|---|---|---|
| 배 | | | | | | |

배 pera

| | | | | | | |
|---|---|---|---|---|---|---|
| 바 | 나 | 나 | | | | |

바나나 plátano

| | | | | | | |
|---|---|---|---|---|---|---|
| 딸 | 기 | | | | | |

딸기 fresa

| | | | | | | |
|---|---|---|---|---|---|---|
| 토 | 마 | 토 | | | | |

토마토 tomate

# 01 과일 [Frutas]

월   일

■ 다음을 쓰는 순서에 맞게 따라 쓰세요.
(Escriba las siguientes palabras siguiendo el orden de los trazos.)

| | | | | | |
|---|---|---|---|---|---|
| 수박 | | | | | |
| 복숭아 | | | | | |
| 오렌지 | | | | | |
| 귤 | | | | | |
| 키위 | | | | | |

**수박** sandía

**복숭아** melocotón

**오렌지** naranja

**귤** mandarina

**키위** kiwi

## O1

# 과일 [Frutas]

월 일

■ 다음을 쓰는 순서에 맞게 따라 쓰세요.
(Escriba las siguientes palabras siguiendo el orden de los trazos.)

| | | | | | | |
|---|---|---|---|---|---|---|
| 참 | 외 | | | | | |
| | | | | | | |
| 파 | 인 | 애 | 플 | | | |
| | | | | | | |
| 레 | 몬 | | | | | |
| | | | | | | |
| 감 | | | | | | |
| | | | | | | |
| 포 | 도 | | | | | |
| | | | | | | |

**참외** melón coreano

**파인애플** piña

**레몬** limón

**감** caqui

**포도** uva

## 02 동물 [Animales]

월    일

■ 다음을 쓰는 순서에 맞게 따라 쓰세요.
   (Escriba las siguientes palabras siguiendo el orden de los trazos.)

| 타 | 조 | | | | |
|---|---|---|---|---|---|
| | | | | | |
| 호 | 랑 | 이 | | | |
| | | | | | |
| 사 | 슴 | | | | |
| | | | | | |
| 고 | 양 | 이 | | | |
| | | | | | |
| 여 | 우 | | | | |
| | | | | | |

**타조** avestruz

**호랑이** tigre

**사슴** ciervo

**고양이** gato

**여우** zorro

## O2 동물 [Animales]

■ 다음을 쓰는 순서에 맞게 따라 쓰세요.
(Escriba las siguientes palabras siguiendo el orden de los trazos.)

| | | | | | |
|---|---|---|---|---|---|
| 사 자 | | | | | |
| 코 끼 리 | | | | | |
| 돼 지 | | | | | |
| 강 아 지 | | | | | |
| 토 끼 | | | | | |

사자 león

코끼리 elefante

돼지 cerdo

강아지 cachorro

토끼 conejo

## O2

# 동물 [Animales]

월    일

■ 다음을 쓰는 순서에 맞게 따라 쓰세요.
 (Escriba las siguientes palabras siguiendo el orden de los trazos.)

| | | | | | | |
|---|---|---|---|---|---|---|
| 기 | 린 | | | | | |
| | | | | | | |

| | | | | | | |
|---|---|---|---|---|---|---|
| 곰 | | | | | | |
| | | | | | | |

| | | | | | | |
|---|---|---|---|---|---|---|
| 원 | 숭 | 이 | | | | |
| | | | | | | |

| | | | | | | |
|---|---|---|---|---|---|---|
| 너 | 구 | 리 | | | | |
| | | | | | | |

| | | | | | | |
|---|---|---|---|---|---|---|
| 거 | 북 | 이 | | | | |
| | | | | | | |

**기린** jirafa

**곰** oso

**원숭이** mono

**너구리** mapache

**거북이** tortuga

## 03 채소 [Verduras]

월 일

■ 다음을 쓰는 순서에 맞게 따라 쓰세요.
(Escriba las siguientes palabras siguiendo el orden de los trazos.)

| | | | | | |
|---|---|---|---|---|---|
| 배 추 | | | | | |
| 당 근 | | | | | |
| 마 늘 | | | | | |
| 시 금 치 | | | | | |
| 미 나 리 | | | | | |

**배추** col china

**당근** zanahoria

**마늘** ajo

**시금치** espinaca

**미나리** apio

## 03 채소 [Verduras]

월  일

■ 다음을 쓰는 순서에 맞게 따라 쓰세요.
(Escriba las siguientes palabras siguiendo el orden de los trazos.)

| | | | | | | |
|---|---|---|---|---|---|---|
| 무 | | | | | | |
| 상 | 추 | | | | | |
| 양 | 파 | | | | | |
| 부 | 추 | | | | | |
| 감 | 자 | | | | | |

무 nabo

상추 lechuga

양파 cebolla

부추 cebollino

감자 patata

# 채소 [Verduras]

월    일

■ 다음을 쓰는 순서에 맞게 따라 쓰세요.
(Escriba las siguientes palabras siguiendo el orden de los trazos.)

| | | | | | |
|---|---|---|---|---|---|
| 오 이 | | | | | |
| 파 | | | | | |
| 가 지 | | | | | |
| 고 추 | | | | | |
| 양 배 추 | | | | | |

**오이** pepino

**파** puerro

**가지** berenjena

**고추** guindilla

**양배추** repollo

## 04 직업 [Profesiones]

월    일

■ 다음을 쓰는 순서에 맞게 따라 쓰세요.
(Escriba las siguientes palabras siguiendo el orden de los trazos.)

| | | | | | |
|---|---|---|---|---|---|
| 경 | 찰 | 관 | | | |
| 소 | 방 | 관 | | | |
| 요 | 리 | 사 | | | |
| 환 | 경 | 미 | 화 | 원 | |
| 화 | 가 | | | | |

**경찰관** policía

**소방관** bombero

**요리사** cocinero

**환경미화원** barrendero

**화가** pintor

## O4

# 직업 [Profesiones]

월 일

■ 다음을 쓰는 순서에 맞게 따라 쓰세요.
(Escriba las siguientes palabras siguiendo el orden de los trazos.)

| | | | | | | |
|---|---|---|---|---|---|---|
| 간 | 호 | 사 | | | | |
| 회 | 사 | 원 | | | | |
| 미 | 용 | 사 | | | | |
| 가 | 수 | | | | | |
| 소 | 설 | 가 | | | | |

**간호사** enfermera

**회사원** oficinista

**미용사** peluquera

**가수** cantante

**소설가** escritor

**74** ● 스페인어를 사용하는 국민을 위한 기초 한글배우기
Coreano básico para hispanohablantes

## O4 직업 [Profesiones]

월    일

■ 다음을 쓰는 순서에 맞게 따라 쓰세요.
(Escriba las siguientes palabras siguiendo el orden de los trazos.)

| | | | | | |
|---|---|---|---|---|---|
| 의 사 | | | | | |
| 선 생 님 | | | | | |
| 주 부 | | | | | |
| 운 동 선 수 | | | | | |
| 우 편 집 배 원 | | | | | |

의사 médico

선생님 profesor

주부 ama de casa

운동선수 deportista

우편집배원 cartero

## 05 음식 [Comidas]

월    일

■ 다음을 쓰는 순서에 맞게 따라 쓰세요.

(Escriba las siguientes palabras siguiendo el orden de los trazos.)

| 김 | 치 | 찌 | 개 | | | |
|---|---|---|---|---|---|---|
| | | | | | | |

**김치찌개**
estofado de kimchi

| 미 | 역 | 국 | | | | |
|---|---|---|---|---|---|---|
| | | | | | | |

**미역국** sopa de algas

| 김 | 치 | 볶 | 음 | 밥 | | |
|---|---|---|---|---|---|---|
| | | | | | | |

**김치볶음밥**
arroz frito con kimchi

| 돈 | 가 | 스 | | | | |
|---|---|---|---|---|---|---|
| | | | | | | |

**돈가스** escalope de cerdo

| 국 | 수 | | | | | |
|---|---|---|---|---|---|---|
| | | | | | | |

**국수** fideos

O5

# 음식 [Comidas]

월   일

■ 다음을 쓰는 순서에 맞게 따라 쓰세요.
(Escriba las siguientes palabras siguiendo el orden de los trazos.)

| 된 | 장 | 찌 | 개 | | | |
|---|---|---|---|---|---|---|
| | | | | | | |

**된장찌개**
sopa de soja fermentada

| 불 | 고 | 기 | | | | |
|---|---|---|---|---|---|---|
| | | | | | | |

**불고기** bulgogui

| 김 | 밥 | | | | | |
|---|---|---|---|---|---|---|
| | | | | | | |

**김밥** kimbab

| 라 | 면 | | | | | |
|---|---|---|---|---|---|---|
| | | | | | | |

**라면** ramyeon

| 떡 | | | | | | |
|---|---|---|---|---|---|---|
| | | | | | | |

**떡** pastel de arroz

## O5 음식 [Comidas]

월 일

■ 다음을 쓰는 순서에 맞게 따라 쓰세요.
(Escriba las siguientes palabras siguiendo el orden de los trazos.)

| 순 | 두 | 부 | 찌 | 개 | | |
|---|---|---|---|---|---|---|
| | | | | | | |

**순두부찌개**
sopa de tofu blando

| 비 | 빔 | 밥 | | | | |
|---|---|---|---|---|---|---|
| | | | | | | |

**비빔밥** bibimbab

| 만 | 두 | | | | | |
|---|---|---|---|---|---|---|
| | | | | | | |

**만두** empanadilla

| 피 | 자 | | | | | |
|---|---|---|---|---|---|---|
| | | | | | | |

**피자** pizza

| 케 | 이 | 크 | | | | |
|---|---|---|---|---|---|---|
| | | | | | | |

**케이크** pastel

# 위치 [Direcciones]

■ 다음을 쓰는 순서에 맞게 따라 쓰세요.
(Escriba las siguientes palabras siguiendo el orden de los trazos.)

| | | | | | |
|---|---|---|---|---|---|
| 앞 | | | | | |
| 뒤 | | | | | |
| 위 | | | | | |
| 아 래 | | | | | |
| 오 른 쪽 | | | | | |

**앞** delante

**뒤** detrás

**위** arriba

**아래** abajo

**오른쪽** derecha

# 위치 [Direcciones]

월    일

■ 다음을 쓰는 순서에 맞게 따라 쓰세요.
(Escriba las siguientes palabras siguiendo el orden de los trazos.)

| | | | | | | |
|---|---|---|---|---|---|---|
| 왼 | 쪽 | | | | | |
| 옆 | | | | | | |
| 안 | | | | | | |
| 밖 | | | | | | |
| 밑 | | | | | | |

**왼쪽** izquierda

**옆** lateral

**안** interior

**밖** exterior

**밑** debajo

**06** 위치 [Direcciones]

월    일

■ 다음을 쓰는 순서에 맞게 따라 쓰세요.
(Escriba las siguientes palabras siguiendo el orden de los trazos.)

| | | | | | | |
|---|---|---|---|---|---|---|
| 사 | 이 | | | | | |
| 동 | 쪽 | | | | | |
| 서 | 쪽 | | | | | |
| 남 | 쪽 | | | | | |
| 북 | 쪽 | | | | | |

**사이** entre

**동쪽** este

**서쪽** oeste

**남쪽** sur

**북쪽** norte

월 일

■ 다음을 쓰는 순서에 맞게 따라 쓰세요.
(Escriba las siguientes palabras siguiendo el orden de los trazos.)

| | | | | | |
|---|---|---|---|---|---|
| 버 스 | | | | | |
| | | | | | |
| 비 행 기 | | | | | |
| | | | | | |
| 배 | | | | | |
| | | | | | |
| 오 토 바 이 | | | | | |
| | | | | | |
| 소 방 차 | | | | | |
| | | | | | |

**버스** autobús

**비행기** avión

**배** barco

**오토바이** moto

**소방차**
camión de bomberos

## 07 탈것 [Medios de transporte]

월 일

■ 다음을 쓰는 순서에 맞게 따라 쓰세요.
(Escriba las siguientes palabras siguiendo el orden de los trazos.)

**자동차** coche

자 동 차

**지하철** metro

지 하 철

**기차** tren

기 차

**헬리콥터** helicóptero

헬 리 콥 터

**포클레인** grúa

포 클 레 인

07 탈것 [Medios de transporte]

월    일

■ 다음을 쓰는 순서에 맞게 따라 쓰세요.
(Escriba las siguientes palabras siguiendo el orden de los trazos.)

| | | | | |
|---|---|---|---|---|
| 택 시 | | | | |
| 자 전 거 | | | | |
| 트 럭 | | | | |
| 구 급 차 | | | | |
| 기 구 | | | | |

택시 taxi

자전거 bicicleta

트럭 camión

구급차 ambulancia

기구 globo aerostático

# 장소 [Lugares]

월      일

■ 다음을 쓰는 순서에 맞게 따라 쓰세요.
(Escriba las siguientes palabras siguiendo el orden de los trazos.)

| | | | | | | |
|---|---|---|---|---|---|---|
| 집 | | | | | | |
| 학 | 교 | | | | | |
| 백 | 화 | 점 | | | | |
| 우 | 체 | 국 | | | | |
| 약 | 국 | | | | | |

집 casa

학교 colegio

백화점 gran almacén

우체국
oficina de correos

약국 farmacia

# 08

# 장소 [Lugares]

월    일

■ 다음을 쓰는 순서에 맞게 따라 쓰세요.
(Escriba las siguientes palabras siguiendo el orden de los trazos.)

| | | | | | |
|---|---|---|---|---|---|
| 시 장 | | | | | |

**시장** mercado

| | | | | | |
|---|---|---|---|---|---|
| 식 당 | | | | | |

**식당** restaurante

| | | | | | |
|---|---|---|---|---|---|
| 슈 퍼 마 켓 | | | | | |

**슈퍼마켓** supermercado

| | | | | | |
|---|---|---|---|---|---|
| 서 점 | | | | | |

**서점** librería

| | | | | | |
|---|---|---|---|---|---|
| 공 원 | | | | | |

**공원** parque

## 08 장소 [Lugares]

■ 다음을 쓰는 순서에 맞게 따라 쓰세요.
(Escriba las siguientes palabras siguiendo el orden de los trazos.)

| | | | | | |
|---|---|---|---|---|---|
| 은 행 | | | | | |
| 병 원 | | | | | |
| 문 구 점 | | | | | |
| 미 용 실 | | | | | |
| 극 장 | | | | | |

**은행** banco

**병원** hospital

**문구점** papelería

**미용실** peluquería

**극장** cine

09 **계절, 날씨** [Estaciones, Tiempo]

월 일

■ 다음을 쓰는 순서에 맞게 따라 쓰세요.
(Escriba las siguientes palabras siguiendo el orden de los trazos.)

| | | | | | |
|---|---|---|---|---|---|
| 봄 | | | | | |
| 여 름 | | | | | |
| 가 을 | | | | | |
| 겨 울 | | | | | |
| 맑 다 | | | | | |

**봄** primavera

**여름** verano

**가을** otoño

**겨울** invierno

**맑다** buen tiempo

## O9 계절, 날씨 [Estaciones, Tiempo]

월   일

■ 다음을 쓰는 순서에 맞게 따라 쓰세요.
(Escriba las siguientes palabras siguiendo el orden de los trazos.)

| | |
|---|---|
| 흐리다 gris | 흐 리 다 |
| 바람이 분다 ventoso | 바 람 이 분 다 |
| 비가 온다 lluvioso | 비 가 온 다 |
| 비가 그친다 cielo despejado | 비 가 그 친 다 |
| 눈이 온다 nevoso | 눈 이 온 다 |

09

# 계절, 날씨 [Estaciones, Tiempo]

월    일

■ 다음을 쓰는 순서에 맞게 따라 쓰세요.
(Escriba las siguientes palabras siguiendo el orden de los trazos.)

| | | | | | | |
|---|---|---|---|---|---|---|
| 구 | 름 | 이 | | 낀 | 다 | |
| | | | | | | |
| 덥 | 다 | | | | | |
| | | | | | | |
| 춥 | 다 | | | | | |
| | | | | | | |
| 따 | 뜻 | 하 | 다 | | | |
| | | | | | | |
| 시 | 원 | 하 | 다 | | | |
| | | | | | | |

**구름이 낀다** nublado

**덥다** calor

**춥다** frío

**따뜻하다** templado

**시원하다** fresco

 10 # 집 안의 사물 [Mobiliario]

월 일

■ 다음을 쓰는 순서에 맞게 따라 쓰세요.
(Escriba las siguientes palabras siguiendo el orden de los trazos.)

| | | | | | |
|---|---|---|---|---|---|
| 소 파 | | | | | |
| 욕 조 | | | | | |
| 거 울 | | | | | |
| 샤 워 기 | | | | | |
| 변 기 | | | | | |

소파 sofá

욕조 bañera

거울 espejo

샤워기 ducha

변기 inodoro

# 집 안의 사물 [Mobiliario]

월    일

■ 다음을 쓰는 순서에 맞게 따라 쓰세요.
(Escriba las siguientes palabras siguiendo el orden de los trazos.)

| | | | | |
|---|---|---|---|---|
| 싱 크 대 | | | | |
| 부 억 | | | | |
| 거 실 | | | | |
| 안 방 | | | | |
| 옷 장 | | | | |

**싱크대** fregadero

**부엌** cocina

**거실** salón

**안방** dormitorio

**옷장** armario

# 10 집 안의 사물 [Mobiliario]

월    일

■ 다음을 쓰는 순서에 맞게 따라 쓰세요.
(Escriba las siguientes palabras siguiendo el orden de los trazos.)

| | | | | | |
|---|---|---|---|---|---|
| 화 | 장 | 대 | | | |
| | | | | | |
| 식 | 탁 | | | | |
| | | | | | |
| 책 | 장 | | | | |
| | | | | | |
| 작 | 은 | 방 | | | |
| | | | | | |
| 침 | 대 | | | | |
| | | | | | |

**화장대** tocador

**식탁** mesa de comedor

**책장** estantería

**작은방** cuarto

**침대** cama

# 11 가족 명칭 [Familia]

월   일

■ 다음을 쓰는 순서에 맞게 따라 쓰세요.
(Escriba las siguientes palabras siguiendo el orden de los trazos.)

| | | | | | |
|---|---|---|---|---|---|
| 할 | 머 | 니 | | | |

**할머니** abuela

| | | | | | |
|---|---|---|---|---|---|
| 할 | 아 | 버 | 지 | | |

**할아버지** abuelo

| | | | | | |
|---|---|---|---|---|---|
| 아 | 버 | 지 | | | |

**아버지** padre

| | | | | | |
|---|---|---|---|---|---|
| 어 | 머 | 니 | | | |

**어머니** madre

| | | | | | |
|---|---|---|---|---|---|
| 오 | 빠 | | | | |

오빠
hermano mayor
(dicho por una mujer)

# 가족 명칭 [Familia]

월 일

■ 다음을 쓰는 순서에 맞게 따라 쓰세요.
(Escriba las siguientes palabras siguiendo el orden de los trazos.)

| | | | | | |
|---|---|---|---|---|---|
| 형 | | | | | |
| 나 | | | | | |
| 남 동 생 | | | | | |
| 여 동 생 | | | | | |
| 언 니 | | | | | |

형 hermano mayor
(dicho por un hombre)

나 yo

남동생
hermano pequeño

여동생
hermana pequeña

언니
hermana mayor
(dicho por una mujer)

## 11 가족 명칭 [Familia]

월   일

■ 다음을 쓰는 순서에 맞게 따라 쓰세요.
(Escriba las siguientes palabras siguiendo el orden de los trazos.)

| | | | | |
|---|---|---|---|---|
| 누 나 | | | | |
| 삼 촌 | | | | |
| 고 모 | | | | |
| 이 모 | | | | |
| 이 모 부 | | | | |

누나 hermana mayor (dicho por un hombre)

삼촌 tío materno

고모 tía paterna

이모 tía materna

이모부 marido de tía materna

 ⑫ # 학용품 [Material escolar]

■ 다음을 쓰는 순서에 맞게 따라 쓰세요.
(Escriba las siguientes palabras siguiendo el orden de los trazos.)

| | | | | | |
|---|---|---|---|---|---|
| 공 | 책 | | | | |
| 스 | 케 | 치 | 북 | | |
| 색 | 연 | 필 | | | |
| 가 | 위 | | | | |
| 풀 | | | | | |

**공책** cuaderno

**스케치북** block de dibujo

**색연필** pintura

**가위** tijeras

**풀** pegamento

12 학용품 [Material escolar]

월 일

■ 다음을 쓰는 순서에 맞게 따라 쓰세요.
(Escriba las siguientes palabras siguiendo el orden de los trazos.)

| | | | | | |
|---|---|---|---|---|---|
| 일 | 기 | 장 | | | |
| 연 | 필 | | | | |
| 칼 | | | | | |
| 물 | 감 | | | | |
| 자 | | | | | |

일기장 diario

연필 lápiz

칼 cúter

물감 pintura

자 regla

# 학용품 [Material escolar]

월   일

■ 다음을 쓰는 순서에 맞게 따라 쓰세요.
(Escriba las siguientes palabras siguiendo el orden de los trazos.)

| | | | | | |
|---|---|---|---|---|---|
| 색 | 종 | 이 | | | |
| | | | | | |

**색종이** papel de colores

| | | | | | |
|---|---|---|---|---|---|
| 사 | 인 | 펜 | | | |
| | | | | | |

**사인펜** rotulador

| | | | | | |
|---|---|---|---|---|---|
| 크 | 레 | 파 | 스 | | |
| | | | | | |

**크레파스** cera de colores

| | | | | | |
|---|---|---|---|---|---|
| 붓 | | | | | |
| | | | | | |

**붓** pincel

| | | | | | |
|---|---|---|---|---|---|
| 지 | 우 | 개 | | | |
| | | | | | |

**지우개** goma

# 꽃 [Flores]

월 일

■ 다음을 쓰는 순서에 맞게 따라 쓰세요.
(Escriba las siguientes palabras siguiendo el orden de los trazos.)

| | | | | |
|---|---|---|---|---|
| 장 미 | | | | |
| 진 달 래 | | | | |
| 민 들 레 | | | | |
| 나 팔 꽃 | | | | |
| 맨 드 라 미 | | | | |

**장미** rosa

**진달래** azalea

**민들레** diente de león

**나팔꽃** campanilla

**맨드라미** celosía

**13** 꽃 [Flores]

월 일

■ 다음을 쓰는 순서에 맞게 따라 쓰세요.
(Escriba las siguientes palabras siguiendo el orden de los trazos.)

**개나리** forsythia

| 개 | 나 | 리 | | | |
|---|---|---|---|---|---|
| | | | | | |

**벚꽃** flor de cerezo

| 벚 | 꽃 | | | | |
|---|---|---|---|---|---|
| | | | | | |

**채송화** mañanitas

| 채 | 송 | 화 | | | |
|---|---|---|---|---|---|
| | | | | | |

**국화** crisantemo

| 국 | 화 | | | | |
|---|---|---|---|---|---|
| | | | | | |

**무궁화** hibisco

| 무 | 궁 | 화 | | | |
|---|---|---|---|---|---|
| | | | | | |

## 13 꽃 [Flores]

월    일

■ 다음을 쓰는 순서에 맞게 따라 쓰세요.
(Escriba las siguientes palabras siguiendo el orden de los trazos.)

| | | | | | |
|---|---|---|---|---|---|
| 튤 | 립 | | | | |
| 봉 | 숭 | 아 | | | |
| 해 | 바 | 라 | 기 | | |
| 카 | 네 | 이 | 션 | | |
| 코 | 스 | 모 | 스 | | |

**튤립** tulipán

**봉숭아** camelia enana

**해바라기** girasol

**카네이션** clavel

**코스모스** cosmos

14 **나라 이름** [Países]

월 일

■ 다음을 쓰는 순서에 맞게 따라 쓰세요.
(Escriba las siguientes palabras siguiendo el orden de los trazos.)

**한국** Corea del Sur

| 한 | 국 | | | | |
|---|---|---|---|---|---|
| | | | | | |

**필리핀** Filipinas

| 필 | 리 | 핀 | | | |
|---|---|---|---|---|---|
| | | | | | |

**일본** Japón

| 일 | 본 | | | | |
|---|---|---|---|---|---|
| | | | | | |

**캄보디아** Camboya

| 캄 | 보 | 디 | 아 | | |
|---|---|---|---|---|---|
| | | | | | |

**아프가니스탄** Afganistán

| 아 | 프 | 가 | 니 | 스 | 탄 |
|---|---|---|---|---|---|
| | | | | | |

## 14 나라 이름 [Países]

월 일

■ 다음을 쓰는 순서에 맞게 따라 쓰세요.
(Escriba las siguientes palabras siguiendo el orden de los trazos.)

| | | | | |
|---|---|---|---|---|
| 중국 China | 중국 | | | |
| 태국 Tailandia | 태국 | | | |
| 베트남 Vietnam | 베트남 | | | |
| 인도 India | 인도 | | | |
| 영국 Reino Unido | 영국 | | | |

## 14 나라 이름 [Países]

월　일

■ 다음을 쓰는 순서에 맞게 따라 쓰세요.
(Escriba las siguientes palabras siguiendo el orden de los trazos.)

| | |
|---|---|
|  **미국** Estados unidos | 미 국 |
| **몽골** Mongolia | 몽 골 |
| **우즈베키스탄** Uzbekistán | 우 즈 베 키 스 탄 |
| **러시아** Rusia | 러 시 아 |
| **캐나다** Canadá | 캐 나 다 |

# 악기 [Instrumentos musicales]

월    일

■ 다음을 쓰는 순서에 맞게 따라 쓰세요.
(Escriba las siguientes palabras siguiendo el orden de los trazos.)

| | | | | | |
|---|---|---|---|---|---|
| 기 | 타 | | | | |
| 북 | | | | | |
| 트 | 라 | 이 | 앵 | 글 | |
| 하 | 모 | 니 | 카 | | |
| 징 | | | | | |

기타 guitarra

북 tambor

트라이앵글 triángulo

하모니카 armónica

징 gong

15

# 악기 [Instrumentos musicales]

월    일

■ 다음을 쓰는 순서에 맞게 따라 쓰세요.
(Escriba las siguientes palabras siguiendo el orden de los trazos.)

| | | | | |
|---|---|---|---|---|
| 피아노 | | | | |
| 탬버린 | | | | |
| 나팔 | | | | |
| 장구 | | | | |
| 소고 | | | | |

**피아노** piano

**탬버린** pandereta

**나팔** trompeta

**장구** tambor de reloj

**소고** tamborín

# 악기 [Instrumentos musicales]

월    일

■ 다음을 쓰는 순서에 맞게 따라 쓰세요.
(Escriba las siguientes palabras siguiendo el orden de los trazos.)

| | | | | | |
|---|---|---|---|---|---|
| 피 | 리 | | | | |
| | | | | | |
| 실 | 로 | 폰 | | | |
| | | | | | |
| 바 | 이 | 올 | 린 | | |
| | | | | | |
| 쨍 | 과 | 리 | | | |
| | | | | | |
| 가 | 야 | 금 | | | |
| | | | | | |

**피리** flauta

**실로폰** xilófono

**바이올린** violín

**꽹과리** platillo

**가야금** cítara coreana

# 16

# 옷 [Ropa]

■ 다음을 쓰는 순서에 맞게 따라 쓰세요.
(Escriba las siguientes palabras siguiendo el orden de los trazos.)

| | | | | | | |
|---|---|---|---|---|---|---|
| 티 | 셔 | 츠 | | | | |
| 바 | 지 | | | | | |
| 점 | 퍼 | | | | | |
| 정 | 장 | | | | | |
| 와 | 이 | 셔 | 츠 | | | |

**티셔츠** camiseta

**바지** pantalón

**점퍼** cazadora

**정장** traje

**와이셔츠** camisa

## 옷 [Ropa]

■ 다음을 쓰는 순서에 맞게 따라 쓰세요.
(Escriba las siguientes palabras siguiendo el orden de los trazos.)

| | | | | | |
|---|---|---|---|---|---|
| 반 | 바 | 지 | | | |
| 코 | 트 | | | | |
| 교 | 복 | | | | |
| 블 | 라 | 우 | 스 | | |
| 청 | 바 | 지 | | | |

**반바지** pantalón corto

**코트** abrigo

**교복** uniforme

**블라우스** blusa

**청바지** vaquero

## 16 옷 [Ropa]

■ 다음을 쓰는 순서에 맞게 따라 쓰세요.
(Escriba las siguientes palabras siguiendo el orden de los trazos.)

| | | | | | | |
|---|---|---|---|---|---|---|
| 양 | 복 | | | | | |

**양복** traje

| | | | | | | |
|---|---|---|---|---|---|---|
| 작 | 업 | 복 | | | | |

**작업복** mono de trabajo

| | | | | | | |
|---|---|---|---|---|---|---|
| 스 | 웨 | 터 | | | | |

**스웨터** jersey

| | | | | | | |
|---|---|---|---|---|---|---|
| 치 | 마 | | | | | |

**치마** falda

| | | | | | | |
|---|---|---|---|---|---|---|
| 한 | 복 | | | | | |

**한복** hanbok

# 색깔 [Colores]

월    일

■ 다음을 쓰는 순서에 맞게 따라 쓰세요.
  (Escriba las siguientes palabras siguiendo el orden de los trazos.)

| | | | | | |
|---|---|---|---|---|---|
| 빨 | 간 | 색 | | | |
| | | | | | |
| 주 | 황 | 색 | | | |
| | | | | | |
| 초 | 록 | 색 | | | |
| | | | | | |
| 노 | 란 | 색 | | | |
| | | | | | |
| 파 | 란 | 색 | | | |
| | | | | | |

**빨간색** rojo

**주황색** naranja

**초록색** verde

**노란색** amarillo

**파란색** azul

17

# 색깔 [Colores]

월 　일

■ 다음을 쓰는 순서에 맞게 따라 쓰세요.
(Escriba las siguientes palabras siguiendo el orden de los trazos.)

| | | | | | |
|---|---|---|---|---|---|
| 보 | 라 | 색 | | | |
| | | | | | |

**보라색** violeta

| | | | | | |
|---|---|---|---|---|---|
| 분 | 홍 | 색 | | | |
| | | | | | |

**분홍색** rosa

| | | | | | |
|---|---|---|---|---|---|
| 하 | 늘 | 색 | | | |
| | | | | | |

**하늘색** celeste

| | | | | | |
|---|---|---|---|---|---|
| 갈 | 색 | | | | |
| | | | | | |

**갈색** marrón

| | | | | | |
|---|---|---|---|---|---|
| 검 | 은 | 색 | | | |
| | | | | | |

**검은색** negro

## 18 취미 [Hobbies]

■ 다음을 쓰는 순서에 맞게 따라 쓰세요.
(Escriba las siguientes palabras siguiendo el orden de los trazos.)

| | | | | | |
|---|---|---|---|---|---|
| 요 리 | | | | | |
| 노 래 | | | | | |
| 등 산 | | | | | |
| 영 화 감 상 | | | | | |
| 낚 시 | | | | | |

요리 cocinar

노래 cantar

등산 montañismo

영화감상 cine

낚시 pesca

# 취미 [Hobbies]

월    일

■ 다음을 쓰는 순서에 맞게 따라 쓰세요.
  (Escriba las siguientes palabras siguiendo el orden de los trazos.)

| | | | | | | |
|---|---|---|---|---|---|---|
| 음 | 악 | 감 | 상 | | | |
| | | | | | | |
| 게 | 임 | | | | | |
| | | | | | | |
| 드 | 라 | 이 | 브 | | | |
| | | | | | | |
| 여 | 행 | | | | | |
| | | | | | | |
| 독 | 서 | | | | | |
| | | | | | | |

**음악감상** escuchar música

**게임** videojuegos

**드라이브** conducir

**여행** viajar

**독서** leer

## 18 취미 [Hobbies]

월 일

■ 다음을 쓰는 순서에 맞게 따라 쓰세요.
(Escriba las siguientes palabras siguiendo el orden de los trazos.)

| | | | | | | |
|---|---|---|---|---|---|---|
| 쇼 | 핑 | | | | | |
| 운 | 동 | | | | | |
| 수 | 영 | | | | | |
| 사 | 진 | 촬 | 영 | | | |
| 악 | 기 | 연 | 주 | | | |

**쇼핑** ir de compras

**운동** deporte

**수영** natación

**사진촬영** fotografía

**악기연주** tocar música

# 운동 [Deportes]

월    일

■ 다음을 쓰는 순서에 맞게 따라 쓰세요.
(Escriba las siguientes palabras siguiendo el orden de los trazos.)

| 야 | 구 | | | | | |
|---|---|---|---|---|---|---|
| | | | | | | |
| 배 | 구 | | | | | |
| | | | | | | |
| 축 | 구 | | | | | |
| | | | | | | |
| 탁 | 구 | | | | | |
| | | | | | | |
| 농 | 구 | | | | | |
| | | | | | | |

야구 béisbol

배구 voleibol

축구 fútbol

탁구 ping-pong

농구 baloncesto

# 운동 [Deportes]

월     일

■ 다음을 쓰는 순서에 맞게 따라 쓰세요.
(Escriba las siguientes palabras siguiendo el orden de los trazos.)

| | | | | | |
|---|---|---|---|---|---|
| 골 | 프 | | | | |
| 스 | 키 | | | | |
| 수 | 영 | | | | |
| 권 | 투 | | | | |
| 씨 | 름 | | | | |

골프 golf

스키 esquí

수영 natación

권투 boxeo

씨름 lucha

## 19 운동 [Deportes]

월    일

■ 다음을 쓰는 순서에 맞게 따라 쓰세요.
(Escriba las siguientes palabras siguiendo el orden de los trazos.)

| 테 | 니 | 스 | | | | |
|---|---|---|---|---|---|---|
| | | | | | | |

**테니스** tenis

| 레 | 슬 | 링 | | | | |
|---|---|---|---|---|---|---|
| | | | | | | |

**레슬링** lucha libre

| 태 | 권 | 도 | | | | |
|---|---|---|---|---|---|---|
| | | | | | | |

**태권도** taekwondo

| 배 | 드 | 민 | 턴 | | | |
|---|---|---|---|---|---|---|
| | | | | | | |

**배드민턴** bádminton

| 스 | 케 | 이 | 트 | | | |
|---|---|---|---|---|---|---|
| | | | | | | |

**스케이트** patinaje

■ 다음을 쓰는 순서에 맞게 따라 쓰세요.
(Escriba las siguientes palabras siguiendo el orden de los trazos.)

| | | | | |
|---|---|---|---|---|
| 가 다 | | | | |
| 오 다 | | | | |
| 먹 다 | | | | |
| 사 다 | | | | |
| 읽 다 | | | | |

**가다** ir

**오다** venir

**먹다** comer

**사다** comprar

**읽다** leer

# 움직임 말(1)
## [Acciones (1)]

■ 다음을 쓰는 순서에 맞게 따라 쓰세요.
(Escriba las siguientes palabras siguiendo el orden de los trazos.)

| | | | | | |
|---|---|---|---|---|---|
| 씻다 | | | | | |
| 자다 | | | | | |
| 보다 | | | | | |
| 일하다 | | | | | |
| 만나다 | | | | | |

씻다 lavar

자다 dormir

보다 mirar

일하다 trabajar

만나다 encontrar

# 움직임 말(1)
## [Acciones (1)]

월    일

■ 다음을 쓰는 순서에 맞게 따라 쓰세요.
　(Escriba las siguientes palabras siguiendo el orden de los trazos.)

마시다 beber

| 마 | 시 | 다 | | |
|---|---|---|---|---|

빨래하다 hacer la colada

| 빨 | 래 | 하 | 다 | |
|---|---|---|---|---|

청소하다 limpiar

| 청 | 소 | 하 | 다 | |
|---|---|---|---|---|

요리하다 cocinar

| 요 | 리 | 하 | 다 | |
|---|---|---|---|---|

공부하다 estudiar

| 공 | 부 | 하 | 다 | |
|---|---|---|---|---|

21 움직임 말(2)
[Acciones (2)]

월 일

■ 다음을 쓰는 순서에 맞게 따라 쓰세요.
(Escriba las siguientes palabras siguiendo el orden de los trazos.)

| | | | | |
|---|---|---|---|---|
| 공 | 을 | | 차 | 다 |

**공을 차다** chutar

| | | | | |
|---|---|---|---|---|
| 이 | 를 | | 닦 | 다 |

**이를 닦다** lavarse los dientes

| | | | | |
|---|---|---|---|---|
| 목 | 욕 | 을 | 하 | 다 |

**목욕을 하다** bañarse

| | | | | |
|---|---|---|---|---|
| 세 | 수 | 를 | 하 | 다 |

**세수를 하다**
lavarse la cara

| | | | | |
|---|---|---|---|---|
| 등 | 산 | 을 | 하 | 다 |

**등산을 하다**
hacer montañismo

# 21

# 움직임 말(2)
## [Acciones (2)]

월　일

■ 다음을 쓰는 순서에 맞게 따라 쓰세요.
(Escriba las siguientes palabras siguiendo el orden de los trazos.)

| | | | | | |
|---|---|---|---|---|---|
| 머 | 리 | 를 | | 감 | 다 |
| 영 | 화 | 를 | | 보 | 다 |
| 공 | 원 | 에 | | 가 | 다 |
| 여 | 행 | 을 | | 하 | 다 |
| 산 | 책 | 을 | | 하 | 다 |

**머리를 감다** lavarse el pelo

**영화를 보다** ver una película

**공원에 가다** ir al parque

**여행을 하다** viajar

**산책을 하다** pasear

## 21 움직임 말(2)
### [Acciones (2)]

월    일

■ 다음을 쓰는 순서에 맞게 따라 쓰세요.
(Escriba las siguientes palabras siguiendo el orden de los trazos.)

| | | | | | | |
|---|---|---|---|---|---|---|
| 수 | 영 | 을 | | 하 | 다 | |
| 쇼 | 핑 | 을 | | 하 | 다 | |
| 사 | 진 | 을 | | 찍 | 다 | |
| 샤 | 워 | 를 | | 하 | 다 | |
| 이 | 야 | 기 | 를 | | 하 | 다 |

수영을 하다 nadar

쇼핑을 하다 ir de compras

사진을 찍다 hacer fotos

샤워를 하다 ducharse

이야기를 하다 conversar

22 **움직임 말(3)**
[Acciones (3)]

월 일

■ 다음을 쓰는 순서에 맞게 따라 쓰세요.
(Escriba las siguientes palabras siguiendo el orden de los trazos.)

| | | | | | |
|---|---|---|---|---|---|
| 놀다 | | | | | |
| 자다 | | | | | |
| 쉬다 | | | | | |
| 쓰다 | | | | | |
| 듣다 | | | | | |

**놀다** jugar

**자다** dormir

**쉬다** descansar

**쓰다** escribir

**듣다** escuchar

22 **움직임 말(3)**
[Acciones (3)]

월   일

■ 다음을 쓰는 순서에 맞게 따라 쓰세요.
(Escriba las siguientes palabras siguiendo el orden de los trazos.)

| | | | | | | |
|---|---|---|---|---|---|---|
| 닫 다 | | | | | | |
| 켜 다 | | | | | | |
| 서 다 | | | | | | |
| 앉 다 | | | | | | |
| 끄 다 | | | | | | |

**닫다** cerrar

**켜다** encender

**서다** levantarse

**앉다** sentarse

**끄다** apagar

22 움직임 말(3)
[Acciones (3)]

월    일

■ 다음을 쓰는 순서에 맞게 따라 쓰세요.
(Escriba las siguientes palabras siguiendo el orden de los trazos.)

| | | | | | |
|---|---|---|---|---|---|
| 열다 abrir | 열 다 | | | | |
| 나오다 salir | 나 오 다 | | | | |
| 배우다 aprender | 배 우 다 | | | | |
| 들어가다 entrar | 들 어 가 다 | | | |
| 가르치다 enseñar | 가 르 치 다 | | | |

# 움직임 말(3)
## [Acciones (3)]

월    일

■ 다음을 쓰는 순서에 맞게 따라 쓰세요.
(Escriba las siguientes palabras siguiendo el orden de los trazos.)

| | | | | | |
|---|---|---|---|---|---|
| 부 | 르 | 다 | | | |

부르다 llamar

| | | | | | |
|---|---|---|---|---|---|
| 달 | 리 | 다 | | | |

달리다 correr

| | | | | | |
|---|---|---|---|---|---|
| 기 | 다 | | | | |

기다 arrastrarse

| | | | | | |
|---|---|---|---|---|---|
| 날 | 다 | | | | |

날다 volar

| | | | | | |
|---|---|---|---|---|---|
| 긁 | 다 | | | | |

긁다 rascarse

22 **움직임 말(3)**
[Acciones (3)]

월 일

■ 다음을 쓰는 순서에 맞게 따라 쓰세요.
(Escriba las siguientes palabras siguiendo el orden de los trazos.)

| | | | | |
|---|---|---|---|---|
| 찍 다 | | | | |
| 벌 리 다 | | | | |
| 키 우 다 | | | | |
| 갈 다 | | | | |
| 닦 다 | | | | |

**찍다** pinchar

**벌리다** abrir

**키우다** criar

**갈다** rallar

**닦다** frotar

세는 말(단위)
[Vocabulario para contar (unidad)]

월 일

■ 다음을 쓰는 순서에 맞게 따라 쓰세요.
(Escriba las siguientes palabras siguiendo el orden de los trazos.)

| | | | | | | |
|---|---|---|---|---|---|---|
| 개 | | | | | | |
| 대 | | | | | | |
| 척 | | | | | | |
| 송이 | | | | | | |
| 그루 | | | | | | |

개 resto de cosas

대 coches

척 barcos

송이 flores

그루 árboles

## 23 세는 말(단위)
[Vocabulario para contar (unidad)]

월    일

■ 다음을 쓰는 순서에 맞게 따라 쓰세요.
(Escriba las siguientes palabras siguiendo el orden de los trazos.)

| | | | | | | |
|---|---|---|---|---|---|---|
| 상 | 자 | | | | | |
| | | | | | | |
| 봉 | 지 | | | | | |
| | | | | | | |
| 장 | | | | | | |
| | | | | | | |
| 병 | | | | | | |
| | | | | | | |
| 자 | 루 | | | | | |
| | | | | | | |

상자 cajas

봉지 bolsas

장 hojas de papel

병 botellas

자루 sacos

# 세는 말(단위)

[Vocabulario para contar (unidad)]

월   일

■ 다음을 쓰는 순서에 맞게 따라 쓰세요.
(Escriba las siguientes palabras siguiendo el orden de los trazos.)

| | | | | | |
|---|---|---|---|---|---|
| 벌 | | | | | |
| 켤 레 | | | | | |
| 권 | | | | | |
| 마 리 | | | | | |
| 잔 | | | | | |

벌 ropa

켤레 zapatos

권 libros

마리 animales

잔 vasos

세는 말(단위)
[Vocabulario para contar (unidad)]

월    일

■ 다음을 쓰는 순서에 맞게 따라 쓰세요.
(Escriba las siguientes palabras siguiendo el orden de los trazos.)

| 채 | | | | | |
|---|---|---|---|---|---|
| 명 | | | | | |
| 통 | | | | | |
| 가 | 마 | | | | |
| 첩 | | | | | |

채 casas

명 personas

통 barriles

가마 sacos de paja

첩
bolsitas de medicina
china

## 24 꾸미는 말(1)

[Adjetivos (1)]

월    일

■ 다음을 쓰는 순서에 맞게 따라 쓰세요.
(Escriba las siguientes palabras siguiendo el orden de los trazos.)

| | | | | | | |
|---|---|---|---|---|---|---|
| 많 | 다 | | | | | |
| 적 | 다 | | | | | |
| 크 | 다 | | | | | |
| 작 | 다 | | | | | |
| 비 | 싸 | 다 | | | | |

**많다** mucho

**적다** poco

**크다** grande

**작다** pequeño

**비싸다** caro

월 일

■ 다음을 쓰는 순서에 맞게 따라 쓰세요.
(Escriba las siguientes palabras siguiendo el orden de los trazos.)

| | | | | | |
|---|---|---|---|---|---|
| 싸 다 | | | | | |
| 길 다 | | | | | |
| 짧 다 | | | | | |
| 빠 르 다 | | | | | |
| 느 리 다 | | | | | |

**싸다** barato

**길다** largo

**짧다** corto

**빠르다** rápido

**느리다** lento

## 24 꾸미는 말(1)

[Adjetivos (1)]

월    일

■ 다음을 쓰는 순서에 맞게 따라 쓰세요.
 (Escriba las siguientes palabras siguiendo el orden de los trazos.)

| | | | | | | |
|---|---|---|---|---|---|---|
| 굵 다 | | | | | | |
| 가 늘 다 | | | | | | |
| 밝 다 | | | | | | |
| 어 둡 다 | | | | | | |
| 좋 다 | | | | | | |

굵다 gordo

가늘다 fino

밝다 claro

어둡다 oscuro

좋다 bueno

제6장 주제별 낱말 • **137**

월   일

■ 다음을 쓰는 순서에 맞게 따라 쓰세요.
(Escriba las siguientes palabras siguiendo el orden de los trazos.)

| | | | | | |
|---|---|---|---|---|---|
| 맵다 | | | | | |
| 시다 | | | | | |
| 가볍다 | | | | | |
| 좁다 | | | | | |
| 따뜻하다 | | | | | |

맵다 picante

시다 ácido

가볍다 ligero

좁다 estrecho

따뜻하다 caliente

# 꾸미는 말(2)
## [Adjetivos (2)]

월 일

■ 다음을 쓰는 순서에 맞게 따라 쓰세요.
(Escriba las siguientes palabras siguiendo el orden de los trazos.)

| | | | | | | |
|---|---|---|---|---|---|---|
| 짜 | 다 | | | | | |
| 쓰 | 다 | | | | | |
| 무 | 겁 | 다 | | | | |
| 깊 | 다 | | | | | |
| 차 | 갑 | 다 | | | | |

짜다 salado

쓰다 amargo

무겁다 pesado

깊다 profundo

차갑다 frío

# 꾸미는 말(2)
## [Adjetivos (2)]

월 일

■ 다음을 쓰는 순서에 맞게 따라 쓰세요.
(Escriba las siguientes palabras siguiendo el orden de los trazos.)

| | | | | |
|---|---|---|---|---|
| 달 다 | | | | |
| 싱 겁 다 | | | | |
| 넓 다 | | | | |
| 얕 다 | | | | |
| 귀 엽 다 | | | | |

**달다** dulce

**싱겁다** soso

**넓다** ancho

**얕다** poco profundo

**귀엽다** bonito

## 26 기분을 나타내는 말

[Vocabulario para expresar estados de ánimo]

월    일

■ 다음을 쓰는 순서에 맞게 따라 쓰세요.
   (Escriba las siguientes palabras siguiendo el orden de los trazos.)

| | | | | | | |
|---|---|---|---|---|---|---|
| 기 | 쁘 | 다 | | | | |
| 슬 | 프 | 다 | | | | |
| 화 | 나 | 다 | | | | |
| 놀 | 라 | 다 | | | | |
| 곤 | 란 | 하 | 다 | | | |

**기쁘다** contento

**슬프다** triste

**화나다** enfadado

**놀라다** sorprendido

**곤란하다** incómodo

# 기분을 나타내는 말

[Vocabulario para expresar estados de ánimo]

월    일

■ 다음을 쓰는 순서에 맞게 따라 쓰세요.
(Escriba las siguientes palabras siguiendo el orden de los trazos.)

| | | | | | | |
|---|---|---|---|---|---|---|
| 궁 | 금 | 하 | 다 | | | |
| 지 | 루 | 하 | 다 | | | |
| 부 | 끄 | 럽 | 다 | | | |
| 피 | 곤 | 하 | 다 | | | |
| 신 | 나 | 다 | | | | |

궁금하다 curioso

지루하다 aburrido

부끄럽다 avergonzado

피곤하다 cansado

신나다 animado

27 **높임말** [Vocabulario formal]

월 일

■ 다음을 쓰는 순서에 맞게 따라 쓰세요.
  (Escriba las siguientes palabras siguiendo el orden de los trazos.)

| | | | | | | |
|---|---|---|---|---|---|---|
| 집 | | | | | | |
| 댁 | | | | | | |
| 밥 | | | | | | |
| 진 | 지 | | | | | |
| 병 | | | | | | |
| 병 | 환 | | | | | |
| 말 | | | | | | |
| 말 | 씀 | | | | | |
| 나 | 이 | | | | | |
| 연 | 세 | | | | | |

집 casa → 댁 casa

밥 comida → 진지 comida

병 enfermedad →
병환 enfermedad

말 palabras→ 말씀 palabras

나이 edad → 연세 edad

## 27 높임말 [Vocabulario formal]

월      일

■ 다음을 쓰는 순서에 맞게 따라 쓰세요.

(Escriba las siguientes palabras siguiendo el orden de los trazos.)

| | | | | | | | |
|---|---|---|---|---|---|---|---|
| 생 | 일 | | | | | | |
| 생 | 신 | | | | | | |
| 있 | 다 | | | | | | |
| 계 | 시 | 다 | | | | | |
| 먹 | 다 | | | | | | |
| 드 | 시 | 다 | | | | | |
| 자 | 다 | | | | | | |
| 주 | 무 | 시 | 다 | | | | |
| 주 | 다 | | | | | | |
| 드 | 리 | 다 | | | | | |

생일 cumpleaños →
생신 cumpleaños

있다 estar →
계시다 estar

먹다 comer →
드시다 comer

자다 dormir →
주무시다 dormir

주다 dar → 드리다 dar

# 28

# 소리가 같은 말(1)

## [Homófonos (1)]

월 일

■ 다음을 쓰는 순서에 맞게 따라 쓰세요.
(Escriba las siguientes palabras siguiendo el orden de los trazos.)

| | | | | | |
|---|---|---|---|---|---|
| 눈 | | | | | |
| 발 | | | | | |
| 밤 | | | | | |
| 차 | | | | | |
| 비 | | | | | |

눈 ojo (단음)   눈 nieve (장음)

발 pie (단음)   발 cortinillas (장음)

밤 noche (단음)   밤 castaño (장음)

차 coche (단음)   차 té (단음)

비 lluvia (단음)   비 escoba (단음)

## 28 소리가 같은 말(1)

[Homófonos (1)]

월    일

■ 다음을 쓰는 순서에 맞게 따라 쓰세요.
(Escriba las siguientes palabras siguiendo el orden de los trazos.)

| | | | | | |
|---|---|---|---|---|---|
| 말 | | | | | |
| 벌 | | | | | |
| 상 | | | | | |
| 굴 | | | | | |
| 배 | | | | | |

말 caballo (단음)     말 palabra (장음)

벌 castigo (단음)     벌 abeja (장음)

상 mesa (단음)     상 premio (단음)

굴 ostra (단음)     굴 cueva (장음)

배 barco (단음)     배 panza (단음)

## 28 소리가 같은 말(1)
### [Homófonos (1)]

월　　일

■ 다음을 쓰는 순서에 맞게 따라 쓰세요.
(Escriba las siguientes palabras siguiendo el orden de los trazos.)

| | | | | | |
|---|---|---|---|---|---|
| 다 | 리 | | | | |
| 새 | 끼 | | | | |
| 돌 | | | | | |
| 병 | | | | | |
| 바 | 람 | | | | |

**다리** puente (단음)　**다리** pierna (단음)

**새끼** cría (단음)　**새끼** cuerda de paja (단음)

**돌** piedra (장음)　**돌** primer año de nacimiento (단음)

**병** enfermedad (장음)　**병** botella (단음)

**바람** viento (단음)　**바람** deseo (단음)

# 29

# 소리가 같은 말(2)

[Homófonos (2)]

월 일

■ 다음을 쓰는 순서에 맞게 따라 쓰세요.
(Escriba las siguientes palabras siguiendo el orden de los trazos.)

| | | | | | |
|---|---|---|---|---|---|
| 깨 | 다 | | | | |
| 묻 | 다 | | | | |
| 싸 | 다 | | | | |
| 세 | 다 | | | | |
| 차 | 다 | | | | |

깨다 despertar (장음)

깨다 romper (단음)

묻다 enterrar (단음)

묻다 preguntar (장음)

싸다 ser barato (단음)

싸다 orinarse (단음)

세다 contar (장음)

세다 ser fuerte (장음)

차다 hacer frío (단음)

차다 llenar (단음)

## 29 소리가 같은 말(2)
### [Homófonos (2)]

월 일

■ 다음을 쓰는 순서에 맞게 따라 쓰세요.
　(Escriba las siguientes palabras siguiendo el orden de los trazos.)

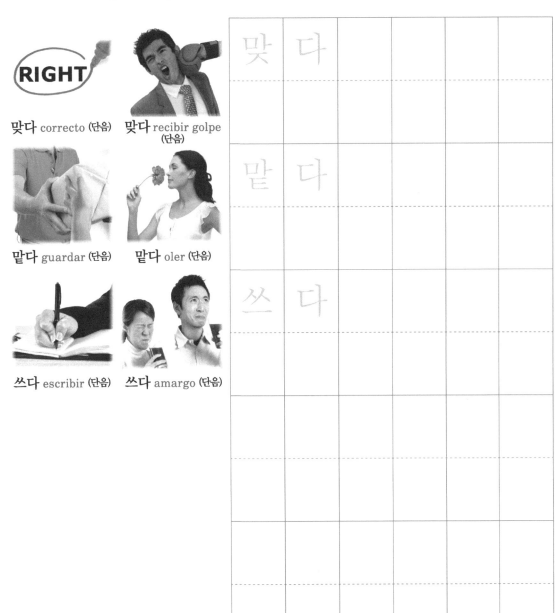

**RIGHT**

맞다 correcto (단음)　　맞다 recibir golpe (단음)

맡다 guardar (단음)　　맡다 oler (단음)

쓰다 escribir (단음)　　쓰다 amargo (단음)

| 맞 다 | | | | |
|---|---|---|---|---|
| 맡 다 | | | | |
| 쓰 다 | | | | |
| | | | | |
| | | | | |

## 30 소리를 흉내 내는 말
[Onomatopeya]

월    일

■ 다음을 쓰는 순서에 맞게 따라 쓰세요.
(Escriba las siguientes palabras siguiendo el orden de los trazos.)

| | | | | | |
|---|---|---|---|---|---|
| 어 | 흥 | | | | |
| 꿀 | 꿀 | | | | |
| 야 | 옹 | | | | |
| 꼬 | 꼬 | 댁 | | | |
| 꽥 | 꽥 | | | | |

어흥 eoujeung

꿀꿀 kulkul

야옹 yaong

꼬꼬댁 kokodek

꽥꽥 kwek-kwek

## 30 소리를 흉내 내는 말
### [Onomatopeya]

월　　일

■ 다음을 쓰는 순서에 맞게 따라 쓰세요.
 (Escriba las siguientes palabras siguiendo el orden de los trazos.)

| | | | | |
|---|---|---|---|---|
| 붕 | | | | |
| 매 앰 | | | | |
| 부 르 릉 | | | | |
| 딩 동 | | | | |
| 빠 빠 | | | | |

붕 bung

매앰 me-em

부르릉 bureureung

딩동 dingdong

빠빠 papa

# 부록　Appendix

안녕하세요! K-한글(www.k-hangul.kr)입니다.
**'외국인을 위한 기초 한글 배우기'** 1호 기초 편에서 다루지 못한 내용을 부록 편에
다음과 같이 **40가지 주제별로** 수록하니, 많은 이용 바랍니다.

| 번호 | 주제 | 번호 | 주제 | 번호 | 주제 |
|---|---|---|---|---|---|
| 1 | **숫자**(50개)<br>Number(s) | 16 | **인칭 대명사**(14개)<br>Personal pronouns | 31 | **물건 사기**(30개)<br>Buying Goods |
| 2 | **연도**(15개)<br>Year(s) | 17 | **지시 대명사**(10개)<br>Demonstrative pronouns | 32 | **전화하기**(21개)<br>Making a phone call |
| 3 | **월**(12개)<br>Month(s) | 18 | **의문 대명사**(10개)<br>Interrogative pronouns | 33 | **인터넷**(20개)<br>Words related to the Internet |
| 4 | **일**(31개)<br>Day(s) | 19 | **가족**(24개)<br>Words related to Family | 34 | **건강**(35개)<br>Words related to health |
| 5 | **요일**(10개)<br>Day of a week | 20 | **국적**(20개)<br>Countries | 35 | **학교**(51개)<br>Words related to school |
| 6 | **년**(20개)<br>Year(s) | 21 | **인사**(5개)<br>Phrases related to greetings | 36 | **취미**(28개)<br>Words related to hobby |
| 7 | **개월**(12개)<br>Month(s) | 22 | **작별**(5개)<br>Phrases related to bidding farewell | 37 | **여행**(35개)<br>Travel |
| 8 | **일(간), 주일(간)**(16개)<br>Counting Days | 23 | **감사**(3개)<br>Phrases related to expressing gratitude | 38 | **날씨**(27개)<br>Weather |
| 9 | **시**(20개)<br>Units of Time(hours) | 24 | **사과**(7개)<br>Phrases related to making an apology | 39 | **은행**(25개)<br>Words related to bank |
| 10 | **분**(16개)<br>Units of Time(minutes) | 25 | **요구, 부탁**(5개)<br>Phrases related to asking a favor | 40 | **우체국**(14개)<br>Words related to post office |
| 11 | **시간**(10개)<br>Hour(s) | 26 | **명령, 지시**(5개)<br>Phrases related to giving instructions | | |
| 12 | **시간사**(25개)<br>Words related to Time | 27 | **칭찬, 감탄**(7개)<br>Phrases related to compliment and admiration | | |
| 13 | **계절**(4개)<br>seasons | 28 | **환영, 축하, 기원**(10개)<br>Phrases related to welcoming, congratulating and blessing | | |
| 14 | **방위사**(14개)<br>Words related to directions | 29 | **식당**(30개)<br>Words related to Restaurant | | |
| 15 | **양사**(25개)<br>quantifier | 30 | **교통**(42개)<br>Words related to transportation | | |

| MP3 | 주제 | 단어 |
|---|---|---|
| | 1. 숫자 | 1, 2, 3, 4, 5, / 6, 7, 8, 9, 10, / 11, 12, 13, 14, 15, / 16, 17, 18, 19, 20, / 21, 22, 23, 24, 25, / 26, 27, 28, 29, 30, / 31, 40, 50, 60, 70, / 80, 90, 100, 101, 102, / 110, 120, 130, 150, 천, / 만, 십만, 백만, 천만, 억 |
| | 2. 연도 | 1999년, 2000년, 2005년, 2010년, 2015년, / 2020년, 2023년, 2024년, 2025년, 2026년, / 2030년, 2035년, 2040년, 2045년, 2050년 |
| | 3. 월 | 1월, 2월, 3월, 4월, 5월, / 6월, 7월, 8월, 9월, 10월, / 11월, 12월 |
| | 4. 일 | 1일, 2일, 3일, 4일, 5일, / 6일, 7일, 8일, 9일, 10일, / 11일, 12일, 13일, 14일, 15일, / 16일, 17일, 18일, 19일, 20일, / 21일, 22일, 23일, 24일, 25일, / 26일, 27일, 28일, 29일, 30일, / 31일 |
| | 5. 요일 | 월요일, 화요일, 수요일, 목요일, 금요일, / 토요일, 일요일, 공휴일, 식목일, 현충일 |
| | 6. 년 | 1년, 2년, 3년, 4년, 5년, / 6년, 7년, 8년, 9년, 10년, / 15년, 20년, 30년, 40년, 50년, / 100년, 200년, 500년, 1000년, 2000년 |
| | 7. 개월 | 1개월(한 달), 2개월(두 달), 3개월(석 달), 4개월(네 달), 5개월(다섯 달), / 6개월(여섯 달), 7개월(일곱 달), 8개월(여덟 달), 9개월(아홉 달), 10개월(열 달), / 11개월(열한 달), 12개월(열두 달) |
| | 8. 일(간), 주일(간) | 하루(1일), 이틀(2일), 사흘(3일), 나흘(4일), 닷새(5일), / 엿새(6일), 이레(7일), 여드레(8일), 아흐레(9일), 열흘(10일), / 10일(간), 20일(간), 30일(간), 100일(간), 일주일(간), / 이 주일(간) |
| | 9. 시 | 1시, 2시, 3시, 4시, 5시, / 6시, 7시, 8시, 9시, 10시, / 11시, 12시, 13시(오후 1시), 14시(오후 2시), 15시(오후 3시), / 18시(오후 6시), 20시(오후 8시), 22시(오후 10시), 24시(오후 12시) |
| | 10. 분 | 1분, 2분, 3분, 4분, 5분, / 10분, 15분, 20분, 25분, 30분(반 시간), / 35분, 40분, 45분, 50분, 55분, / 60분(1시간) |

| MP3 | 주제 | 단어 |
|---|---|---|
| | 11. 시간 | 반 시간(30분), 1시간, 1시간 반(1시간 30분), 2시간, 3시간, / 4시간, 5시간, 10시간, 12시간, 24시간 |
| | 12.시간사 | 오전, 정오, 오후, 아침, 점심, / 저녁, 지난주, 이번 주, 다음 주, 지난달, / 이번 달, 다음날, 재작년, 작년, 올해, / 내년, 내후년, 그저께(이틀 전날), 엊그제(바로 며칠 전), 어제(오늘의 하루 전날), / 오늘, 내일(1일 후), 모레(2일 후), 글피(3일 후), 그글피(4일 후) |
| | 13. 계절 | 봄(春), 여름(夏), 가을(秋), 겨울(冬) |
| | 14.방위사 | 동쪽, 서쪽, 남쪽, 북쪽, 앞쪽, / 뒤쪽, 위쪽, 아래쪽, 안쪽, 바깥쪽, / 오른쪽, 왼쪽, 옆, 중간 |
| | 15. 양사 | 개(사용 범위가 가장 넓은 개체 양사), 장(평면이 있는 사물), 척(배를 세는 단위), 마리(날짐승이나 길짐승), 자루, / 다발(손에 쥘 수 있는 물건), 권(서적 류), 개(물건을 세는 단위), 갈래, 줄기(가늘고 긴 모양의 사물이나 굽은 사물), / 건(사건), 벌(의복), 쌍, 짝, 켤레, / 병, 조각(덩어리, 모양의 물건), 원(화폐), 대(각종 차량), 대(기계, 설비 등), / 근(무게의 단위), 킬로그램(힘의 크기, 무게를 나타내는 단위), 번(일의 차례나 일의 횟수를 세는 단위), 차례(단순히 반복적으로 발생하는 동작), 식사(끼) |
| | 16. 인칭 대명사 | 인칭 대명사 : 사람의 이름을 대신하여 나타내는 대명사. <br> 나, 너, 저, 당신, 우리, / 저희, 여러분, 너희, 그, 그이, / 저분, 이분, 그녀, 그들 |
| | 17. 지시 대명사 | 지시 대명사 : 사물이나 장소의 이름을 대신하여 나타내는 대명사. <br> 이것, 이곳, 저것, 저곳, 저기, / 그것(사물이나 대상을 가리킴), 여기, 무엇(사물의 이름), 거기(가까운 곳, 이미 이야기한 곳), 어디(장소의 이름) |
| | 18. 의문 대명사 | 의문 대명사 : 물음의 대상을 나타내는 대명사. <br> 누구(사람의 정체), 몇(수효), 어느(둘 이상의 것 가운데 대상이 되는 것), 어디(처소나 방향), 무엇(사물의 정체), / 언제, 얼마, 어떻게(어떤 방법, 방식, 모양, 형편, 이유), 어떤가?, 왜(무슨 까닭으로, 어떤 사실에 대하여 확인을 요구할 때) |
| | 19. 가족 | 할아버지, 할머니, 아버지, 어머니, 남편, / 아내, 딸, 아들, 손녀, 손자, / 형제자매, 형, 오빠, 언니, 누나, / 여동생, 남동생, 이모, 이모부, 고모, / 고모부, 사촌, 삼촌, 숙모 |
| | 20. 국적 | 국가, 나라, 한국, 중국, 대만, / 일본, 미국, 영국, 캐나다, 인도네시아, / 독일, 러시아, 이탈리아, 프랑스, 인도, / 태국, 베트남, 캄보디아, 몽골, 라오스 |

| MP3 | 주제 | 단어 |
|---|---|---|
| | 21. 인사 | 안녕하세요!, 안녕하셨어요?, 건강은 어떠세요?, 그에게 안부 전해주세요, 굿모닝! |
| | 22. 작별 | 건강하세요, 행복하세요, 안녕(서로 만나거나 헤어질 때), 내일 보자, 다음에 보자. |
| | 23. 감사 | 고마워, 감사합니다, 도와주셔서 감사드립니다. |
| | 24. 사과 | 미안합니다, 괜찮아요!, 죄송합니다, 정말 죄송합니다, 모두 다 제 잘못입니다, / 오래 기다리셨습니다, 유감이네요. |
| | 25. 요구, 부탁 | 잠시 기다리세요, 저 좀 도와주세요, 좀 빨리해 주세요, 문 좀 닫아주세요, 술 좀 적게 드세요. |
| | 26. 명령, 지시 | 일어서라!, 들어오시게, 늦지 말아라, 수업 시간에는 말하지 마라, 금연입니다. |
| | 27. 칭찬, 감탄 | 정말 잘됐다!, 정말 좋다, 정말 대단하다, 진짜 잘한다!, 정말 멋져!, / 솜씨가 보통이 아니네!, 영어를 잘하는군요.<br>※감탄사의 종류(감정이나 태도를 나타내는 단어) : 아하, 헉, 우와, 아이고, 아차, 앗, 어머, 저런, 여보, 야, 아니요, 네, 예, 그래, 얘 등 |
| | 28. 환영, 축하, 기원 | 환영합니다!, 또 오세요, 생일 축하해!, 대입 합격 축하해!, 축하드려요, / 부자 되세요, 행운이 깃드시길 바랍니다, 만사형통하시길 바랍니다, 건강하세요, 새해 복 많이 받으세요! |
| | 29. 식당 | 음식, 야채, 먹다, 식사 도구, 메뉴판, / 세트 요리, 종업원, 주문하다, 요리를 내오다, 중국요리, / 맛, 달다, 담백하다, 맵다, 새콤달콤하다, / 신선하다, 국, 탕, 냅킨, 컵, / 제일 잘하는 요리, 계산, 잔돈, 포장하다, 치우다, / 건배, 맥주, 술집, 와인, 술에 취하다. |
| | 30. 교통 | 말씀 좀 묻겠습니다, 길을 묻다, 길을 잃다, 길을 건너가다, 지도, / 부근, 사거리, 갈아타다, 노선, 버스, / 몇 번 버스, 정거장, 줄을 서다, 승차하다, 승객, / 차비, 지하철, 환승하다, 1호선, 좌석, / 출구, 택시, 택시를 타다, 차가 막히다, 차를 세우다, / 우회전, 좌회전, 유턴하다, 기차, 기차표, / 일반 침대석, 일등 침대석, 비행기, 공항, 여권, / 주민등록증, 연착하다, 이륙, 비자, 항공사, / 안전벨트, 현지시간 |

| MP3 | 주제 | 단어 |
|---|---|---|
| | 31.<br>물건 사기 | 손님, 서비스, 가격, 가격 흥정, 노점, / 돈을 내다, 물건, 바겐세일, 싸다, 비싸다, / 사이즈, 슈퍼마켓, 얼마예요?, 주세요, 적당하다, / 점원, 품질, 백화점, 상표, 유명 브랜드, / 선물, 영수증, 할인, 반품하다, 구매, / 사은품, 카드 결제하다, 유행, 탈의실, 계산대 |
| | 32.<br>전화하기 | 여보세요, 걸다, (다이얼을)누르다, OO 있나요?, 잘못 걸다, / 공중전화, 휴대전화 번호, 무료 전화, 국제전화, 국가번호, / 지역번호, 보내다, 문자 메시지, 시외전화, 전화받다, / 전화번호, 전화카드, 통화 중, 통화 요금, 휴대전화, / 스마트폰 |
| | 33. 인터넷 | 인터넷, 인터넷에 접속하다, 온라인게임, 와이파이, 전송하다, / 데이터, 동영상, 아이디, 비밀번호, 이메일, / 노트북, 검색하다, 웹사이트, 홈페이지 주소, 인터넷 쇼핑, / 업로드, 다운로드, pc방, 바이러스, 블로그 |
| | 34. 건강 | 병원, 의사, 간호사, 진찰하다, 수술, / 아프다, 환자, 입원, 퇴원, 기침하다, / 열나다, 체온, 설사가 나다, 콧물이 나다, 목이 아프다, / 염증을 일으키다, 건강, 금연하다, 약국, 처방전, / 비타민, 복용하다, 감기, 감기약, 마스크, / 비염, 고혈압, 골절, 두통, 알레르기, / 암, 전염병, 정신병, 혈액형, 주사 놓다 |
| | 35. 학교 | 초등학교, 중학교, 고등학교, 중·고등학교, 대학교, / 교실, 식당, 운동장, 기숙사, 도서관, / 교무실, 학생, 초등학생, 중학생, 고등학생, / 대학생, 유학생, 졸업생, 선생님, 교사, / 교장, 교수, 국어, 수학, 영어, / 과학, 음악, 미술, 체육, 입학하다, / 졸업하다, 학년, 전공, 공부하다, 수업을 시작하다, / 수업을 마치다, 출석을 부르다, 지각하다, 예습하다, 복습하다, / 숙제를 하다, 시험을 치다, 합격하다, 중간고사, 기말고사, / 여름방학, 겨울방학, 성적, 교과서, 칠판, / 분필 |
| | 36. 취미 | 축구 마니아, ○○마니아, 여가 시간, 좋아하다, 독서, / 음악 감상, 영화 감상, 텔레비전 시청, 연극 관람, 우표 수집, / 등산, 바둑, 노래 부르기, 춤추기, 여행하기, / 게임하기, 요리, 운동, 야구(하다), 농구(하다), / 축구(하다), 볼링(치다), 배드민턴(치다), 탁구(치다), 스키(타다), / 수영(하다), 스케이팅, 태권도 |
| | 37. 여행 | 여행(하다), 유람(하다), 가이드, 투어, 여행사, / 관광명소, 관광특구, 명승지, 기념품, 무료, / 유료, 할인티켓, 고궁, 경복궁, 남산, / 한국민속촌, 호텔, 여관, 체크인, 체크아웃, / 빈 방, 보증금, 숙박비, 호실, 팁, / 싱글룸, 트윈룸, 스탠더드룸, 1박하다, 카드 키, / 로비, 룸서비스, 식당, 뷔페, 프런트 데스크 |
| | 38. 날씨 | 일기예보, 기온, 최고기온, 최저기온, 온도, / 영상, 영하, 덥다, 따뜻하다, 시원하다, / 춥다, 흐린 날씨, 맑은 날, 비가 오다, 눈이 내리다, / 건조하다, 습하다, 가랑비, 구름이 많이 끼다, 보슬비, / 천둥치다, 번개, 태풍, 폭우, 폭설, / 황사, 장마 |
| | 39. 은행 | 예금하다, 인출하다, 환전하다, 송금하다, 예금주, / 예금통장, 계좌, 계좌번호, 원금, 이자, / 잔여금액, 비밀번호, 현금카드, 현금 인출기, 수수료, / 현금, 한국 화폐, 미국 달러, 외국 화폐, 환율, / 환전소, 신용카드, 대출, 인터넷뱅킹, 폰뱅킹 |

| MP3 | 주제 | 단어 |
|---|---|---|
| | 40. 우체국 | 편지, 편지봉투, 소포, 부치다, 보내는 사람, / 받는 사람, 우편물, 우편번호, 우편요금, 우체통, / 우표, 주소, 항공우편, EMS |
| | | |
| | | |
| | | |
| | | |
| | | |
| | | |
| | | |

**1. 영어로 한글배우기**
Learning Korean in English

**2. 베트남어로 한글배우기**
Học tiếng Hàn bằng tiếng Việt

**3. 몽골어로 한글배우기**
Монгол хэл дээр солонгос
цагаан толгой сурах

**4. 일본어로 한글배우기**
日本語でハングルを学ぼう

**5. 스페인어로 한글배우기(유럽연합)**
APRENDER COREANO EN
ESPAÑOL

**6. 프랑스어로 한글배우기**
Apprendre le coréen en
français

**7. 러시아어로 한글배우기**
Изучение хангыля
на русском языке

**8. 중국어로 한글배우기**
用中文学习韩文

**9. 독일어로 한글배우기**
Koreanisch lernen auf Deutsch

# 'K-한글'의 세계화 www.k-hangul.kr

**10. 태국어로 한글배우기**
เรียนฮันกึลด้วยภาษาไทย

**11. 힌디어로 한글배우기**
हिंदी में हंगेउल सीखना

**12. 아랍어로 한글배우기**
تعلم اللغة الكورية بالعربية

**13. 페르시아어로 한글배우기**
یادگیری کره‌ای از طریق فارسی

**14. 튀르키예어로 한글배우기**
Hangıl'ı **Türkçe** Öğrenme

**15. 포르투칼어로 한글배우기**
Aprendendo Coreano em
**Português**

**16. 스페인어로 한글배우기**(남미)
Aprendizaje de coreano en
español

스페인어를 사용하는 국민을 위한 기초 한글 배우기

# 한글배우기 ❶ 기초편

2025년 1월 10일 초판 1쇄 발행

발행인 | 배영순
저자 | 권용선(權容璿), Autor : Kwon Yong Sun
펴낸곳 | 홍익교육, Editor : Hongik Kyoyuk de República de Corea
기획·편집 | 아이한글 연구소
출판등록 | 2010-10호
주소 | 경기도 광명시 광명동 747-19 리츠팰리스 비동 504호
전화 | 02-2060-4011
홈페이지 | www.k-hangul.kr
E-mail | kwonys15@naver.com
정가 | 14,000원
ISBN  979-11-88505-50-0 / 13710